W0394916

LA CITÉ

Notre époque s'est découvert une nouvelle passion : l'intolérance.
Sur les réseaux et les plateaux, on criminalise celui qui ne pense pas comme nous. On le dénonce, on veut l'empêcher de parler.
Il est urgent de recréer un espace où puisse se tenir la rencontre sereine et exigeante des idées.
C'est tout le sens de cette collection d'essais des Presses de la Cité.
Poser les bonnes questions (même si elles dérangent), respecter les faits, ouvrir des perspectives : telle est la ligne de conduite de La Cité.
En un mot, raviver la liberté de l'esprit.

DANS LA MÊME COLLECTION

Mathieu Laine, *Infantilisation*, 2021

Mathieu Bock-Côté, *La Révolution racialiste et autres virus idéologiques*, 2021

Ferghane Azihari, *Les Écologistes contre la modernité. Le Procès de Prométhée*, 2021

Didier Pourquery, *Sauvons le débat. Osons la nuance*, 2021

Mathieu Slama, *Adieu la liberté. Essai sur la société disciplinaire*, 2022

Olivier Postel-Vinay, *Sapiens et le climat. Une histoire bien chahutée*, 2022

Michel Guénaire, *Après la mondialisation. Le retour à la nation*, 2022

Michel Aubouin, *Le Défi d'être français*, 2023

Vincent Piednoir et Humbert Rambaud, *L'Ouverture de la chasse. Une philosophie, une culture*, 2023

L'OBSESSION ÉGALITAIRE

DU MÊME AUTEUR

La France des opportunités. Toutes les bonnes nouvelles qu'on ne vous dit pas, Manitoba/Les Belles Lettres, 2017

Gouverner pour réformer : éléments de méthode, avec Matthieu Montjotin, Fondation pour l'innovation politique, 2017

Erwan Le Noan

L'OBSESSION ÉGALITAIRE
Comment la lutte contre les inégalités produit l'injustice

Les Presses de la Cité

Le Code de la propriété intellectuelle n'autorisant, aux termes des paragraphes 2 et 3 de l'article L. 122-5, d'une part, que les « copies ou reproductions strictement réservées à l'usage privé du copiste et non destinées à une utilisation collective » et, d'autre part, sous réserve du nom de l'auteur et de la source, que les « analyses et les courtes citations justifiées par le caractère critique, polémique, pédagogique, scientifique ou d'information », toute représentation ou reproduction intégrale ou partielle, faite sans le consentement de l'auteur ou de ses ayants droit ou ayants cause, est illicite (article L. 122-4). Cette représentation ou reproduction, par quelque procédé que ce soit, constituerait donc une contrefaçon sanctionnée par les articles L. 335-2 et suivants du Code de la propriété intellectuelle.

© Les Presses de la Cité, 2023
92, avenue de France – 75013 Paris
ISBN 978-2-258-20338-9
Dépôt légal : octobre 2023

Erwan Le Noan est consultant et spécialiste de la concurrence et de régulation économique, matières qu'il enseigne à Sciences Po et Paris II. Il a travaillé pour plusieurs commissions économiques. Chroniqueur pour le journal *L'Opinion*, il intervient régulièrement dans les médias et participe à plusieurs groupes de réflexion, dont la Fondation pour l'innovation politique.

À Raphaël, Simon, Dinah et Camille

Tout a été dit cent fois,
Et beaucoup mieux que par moi.
Aussi quand j'écris des vers
C'est que ça m'amuse...

Boris VIAN

Sommaire

III
Un vrai combat : lutter contre les injustices

Introduction

Passion de l'égalité, haine des riches

Pour combattre les maux que l'égalité peut produire,
il n'y a qu'un remède efficace : c'est la liberté politique.

Alexis de TOCQUEVILLE

Connaissez-vous Denise Baudu ?

La jeune femme est l'héroïne du *Bonheur des Dames*, le roman d'Émile Zola paru en 1883 qui raconte le développement des grands magasins et comment une jeune Normande tout juste arrivée à Paris va devenir, à force d'ambition et de travail, l'épouse du propriétaire de l'un de ces géants de la distribution – lequel, avec son nouveau concept de vente, va également ruiner l'oncle boutiquier de Denise.

Et Gervaise ?

Zola raconte la déchéance de la pauvre femme dans *L'Assommoir* : décidée au commencement de sa vie active à réussir son existence, elle subit accidents et malheurs. Le livre est la recension de sa vie gâchée, détériorée, démolie, sans qu'elle réussisse jamais à surmonter les épreuves. Sa fille Nana (dont l'histoire est racontée dans le roman qui porte son nom) deviendra l'une des femmes les plus courues du Paris de Napoléon III, avant de connaître la faillite.

Aristide Saccard, peut-être ?

Il est le frère d'Eugène Rougon, le ministre de l'Empereur dont la vie est racontée dans *Son Excellence Eugène Rougon*, mais a changé de nom. Fonctionnaire à la mairie de Paris, il profite de son poste pour obtenir les plans de transformation de la capitale, achète les terrains visés et les revend ensuite une fortune. Il mène grand train dans sa maison de la colline Monceau. Ses aventures sont contées dans *La Curée* et on le retrouve dans *L'Argent*, roman qui décrit l'effervescence financière du siècle dernier.

Le défenseur de Dreyfus raconte dans ses livres la réalité sociale du XIXe : elle est faite à la fois d'ascension sociale, de révolution commerciale et de misère ouvrière. Le sort des uns est scellé dans le malheur quand celui d'autres est fait de fortunes… et d'infortunes.

On y rencontre des inégalités, fruit de destinées distinctes, fondées sur le travail et l'invention de nouveaux modèles économiques dans un monde en ébullition, ouvert et en mouvement, héritage déjà lointain de la Révolution française. C'est le Paris des *Illusions perdues* d'Honoré de Balzac et de *Bel-Ami* de Guy de Maupassant. Celui des Pereire et Rothschild ; celui de Pillet-Will qui lance le chemin de fer, des maîtres de forges Schneider et Wendel ; celui des Camondo, dont la demeure, riche de collections, se visite encore. Celui aussi d'un personnage politique comme Paul Doumer, issu d'une famille de condition misérable, devenu président de la République (et assassiné en 1932). Celui qui verra bientôt poindre la IIIe République, celle des « Jules », de l'école de Marcel Pagnol. La réussite est ouverte à tous, au-delà du rang – et de la confession.

On y est aussi frappé par des injustices, qui semblent irrémédiablement interdire le bonheur à d'autres. C'est le Paris héritier des *Misérables* de Victor Hugo, dont l'action se déroule plus tôt dans le siècle. Celui où se développe un intérêt politique visant à lutter contre le « paupérisme » et les conditions de vie miséreuses, qui préoccupèrent le libéral Alexis de Tocqueville, Napoléon III ou Charles Fourier, un précurseur du socialisme.

Près de deux siècles plus tard, notre société est beaucoup plus riche et les inégalités beaucoup plus faibles. Les services publics se sont considérablement développés et le confort apporté par le marché est incomparable. Ce monde fait de misère a disparu en grande partie, non seulement de France mais aussi d'Europe et de la planète entière. Le monde vit considérablement mieux : le progrès matériel est incontestable. Il est aussi humain, améliorant le sort de centaines de millions d'individus, notamment de femmes et d'enfants.

À lire certains articles et écouter certains discours, on l'oublierait presque.

Début 2022, une organisation militante comme Oxfam peut ainsi affirmer sans honte ni débat que « les inégalités tuent ». Quelques années plus tôt, de jeunes Américains, lassés de leur confort moderne, plantaient leurs tentes dans un parc de Manhattan, à New York, pour protester contre les marchés financiers. « Occupy Wall Street » allait ainsi accaparer l'attention à l'automne 2011. Le pape François n'échappe pas non plus à la caricature. S'il défend un discours de fraternité bien compréhensible de la part de l'Église catholique, il surprend par sa véhémence anticapitaliste : en 2016, il affirmait que « ce que nous voulons, c'est la lutte contre l'inégalité : c'est le plus grand mal qui existe dans le monde. C'est l'argent qui le crée et s'oppose à ceux qui luttent pour développer le bien-être et favoriser l'égalité ».

Le discours est si commun qu'il ne souffre pas la contestation : en ce début du XXIe siècle, les « inégalités » sont un sujet de dénonciation communément admis et la « lutte » pour les faire disparaître constitue un programme politique consensuel. On voit ainsi des inégalités partout et les réduire est un impératif moral incontestable.

Les solutions pour y parvenir sont d'ailleurs quasi unanimes : la redistribution par la fiscalité et la multiplication des normes administratives. On ne cesse ainsi de réfléchir à de nouveaux impôts pour prendre toujours plus aux « riches », le seuil de richesse commençant bien bas (mais généralement à un niveau suffisamment élaboré pour redistribuer d'abord l'argent des autres plutôt que le sien), posant le principe implicite que leur fortune est au pire illégitime, au mieux plus ou moins usurpée (car « personne ne se fait tout seul »). En 2012, le candidat socialiste François Hollande avait recours à cette stratégie rhétorique dans son fameux discours du Bourget : « Partout, proclamait-il, des privilèges apparaissent à mesure qu'une nouvelle aristocratie – j'emploie le mot à dessein – arrogante et cupide s'installe et prospère. 1 % des Français privilégiés se séparent du reste de la société. Ils vivent à côté de nous, mais ils ne vivent déjà plus avec nous. Parfois, ils ne vivent même pas chez nous. Une véritable sécession sociale a vu le jour ces dernières années : des quartiers relégués, abandonnés, et de l'autre des quartiers protégés, sécurisés, pour que nul ne vienne déranger. Je serai le président de la fin des privilèges parce que je ne peux pas admettre que, pendant ce temps-là, pendant que certains s'enrichissent sans limite, la précarité s'étende [...]. » Le propos va loin : les mieux lotis sont désignés comme des traîtres, responsables des maux qui affectent et affligent la société, coupables de s'en désintéresser et de vouloir se séparer d'elle.

Tout cela révèle une vaste confusion.

Toutes les inégalités sont-elles problématiques ?

L'économiste Johan Norberg rappelle que n'importe quelle fillette européenne qui détient plus de 20 dollars d'économies est aussi riche que 2 milliards d'humains sur terre – et que le petit garçon qui détient 50 cents est plus riche que 40 % de la population mondiale. À l'échelle de la planète, ces enfants sont riches et, dans la logique d'Oxfam, complices d'un mal qui la ronge. Faut-il les condamner ?

Les inégalités sont-elles la même chose que des discriminations ? Sont-elles aussi la même chose que les injustices ?

Si un employeur rémunère moins une femme qu'un homme en raison de son sexe, ce traitement différencié se traduit à l'évidence par une inégalité statistique. Mais le vrai sujet n'est-il pas en réalité l'inacceptable discrimination, qui refuse de traiter de façon identique des individus égaux en droit ?

Autre confusion : l'égalité est-elle l'uniformité ? Autrement dit, l'objectif de la société politique doit-il être de réaliser l'égalité dans les faits de telle façon que les citoyens aient des existences toujours plus semblables ? Si tel est le cas, est-il réellement possible d'y parvenir sans administrer les comportements individuels, c'est-à-dire sans confier à une minorité le soin de choisir à la place des gens ce qui est bon pour eux ? Dans quelle mesure est-ce compatible avec un régime démocratique qui doit préserver la plus grande liberté de chacun ?

Encore une question : la redistribution est-elle la seule ou la meilleure façon de lutter contre les différences de situation illégitimes ? Si tel est le cas, pourquoi ceux qui en sont les promoteurs sont-ils aussi, souvent, si prompts à la défendre pour les autres mais si peu enclins à la mettre en œuvre pour eux-mêmes ? Il est si facile d'être généreux avec l'argent des autres.

Cette hypocrisie n'est d'ailleurs souvent pas même intentionnelle, tant le discours de l'obsession égalitaire s'est imposé comme une évidence. Je l'ai expérimenté, de façon assez simpliste au demeurant, dans une classe d'étudiants de grande école majoritairement enclins à favoriser le recours à l'outil fiscal et à promouvoir les sentiments généreux de solidarité étatique au nom de la lutte contre le capitalisme sauvage. Au moment de la notation, après que tous les élèves ont rendu leurs travaux, l'annonce des critères d'évaluation a été faite : outre l'appréciation individuelle du travail de chacun, il était ajouté que tous les élèves ayant obtenu une note supérieure à un certain seuil se verraient privés des points le dépassant, pour les affecter dans un souci de solidarité à ceux qui, par accident, paresse ou défaut de talent, avaient été mal notés. Stupeur dans les rangs. Protestation d'injustice. Aucun ne s'est aperçu qu'il s'agissait pourtant d'appliquer les principes de redistribution auxquels ils se disaient par ailleurs très attachés !

Les pages qui suivent proposent une lecture alternative du sujet des inégalités, afin de soulever des interrogations et déconstruire (pour employer un mot à la mode) les évidences du temps. Leur intention n'est pas de proposer une idéologie systématique, mais de favoriser la confrontation des analyses et des projets. Comme l'écrivait Ernest Renan : « Il est bon qu'il y ait des indépendances de position, afin que tous ceux qui arrivent aux places élevées ne soient pas obligés de suivre ces voies pénibles où chacun laisse une partie de sa fierté, quand il n'y laisse pas une partie de son honneur. »

L'objet de ce livre est donc, à sa mesure, d'explorer notre obsession égalitaire, ses ressorts et ses travers. Son intention est de démontrer qu'elle ne se contente pas de reposer sur des prémisses erronées, mais aussi qu'elle se trompe de cible : les inégalités ne sont pas notre problème prioritaire. Le combat qui devrait mobiliser notre énergie et notre créativité politique, c'est celui contre les injustices.

Cet objectif est d'autant plus prioritaire que, son but étant mal orienté, l'obsession égalitaire a fini par produire l'inverse de ce qu'elle prétend atteindre : aujourd'hui, elle suscite inefficacité économique et injustice sociale.

Pis encore, comme elle ne peut se déployer qu'à travers un contrôle toujours plus fort des individus, elle se révèle difficilement conciliable avec la préservation de la liberté. À ce titre, elle a une responsabilité déterminante dans la crise politique contemporaine, parce qu'elle a promis aux citoyens des objectifs irréalisables dans un cadre démocratique.

Le livre qui suit est organisé en trois parties.

La première s'emploie à rappeler, à travers quelques éléments statistiques, que l'économie de marché, inscrite dans le modèle démocratique, a été dans l'histoire le meilleur instrument de lutte contre les inégalités. Sans jamais prétendre réaliser la perfection sur terre, ce système devrait être vanté par ceux qui militent sincèrement pour l'égalité – notamment l'égalité en matière d'opportunités.

La deuxième partie décrit dans quelle mesure l'obsession égalitaire est non seulement à la source de nombreux maux politiques et sociaux contemporains, mais en outre comment et pourquoi elle est difficilement compatible avec la liberté.

La troisième et dernière partie dessine modestement quelques pistes qui pourraient contribuer à rétablir un mouvement équitable dans la société et à réduire les injustices. Pour y parvenir, il s'inscrit de façon lointaine dans les pas de Tocqueville qui, visionnaire, relevait dès le XIXe siècle que, « pour combattre les maux que l'égalité peut produire, il n'y a qu'un remède efficace : c'est la liberté politique ».

I

LE MYTHE DES INÉGALITÉS

1

Si faibles et si insupportables, le paradoxe de Tocqueville

De la dynamique égalitaire des démocraties

Alexis de Tocqueville a tiré de son voyage aux États-Unis au début des années 1830 quelques grandes leçons utiles pour comprendre les sociétés modernes : en observant les États-Unis, il devine ce que sera l'avenir démocratique de l'Europe. Son livre *De la démocratie en Amérique* est resté l'un des grands classiques de l'analyse politique.

Non seulement Tocqueville observe et analyse ce que signifie le régime démocratique d'un point de vue politique (l'irruption du peuple dans la maîtrise du pouvoir), mais il montre que cette transformation est aussi une dynamique sociale : la démocratie, explique-t-il, se caractérise par une *société* démocratique dans laquelle les individus disposent de droits identiques et de conditions sociales de plus en plus semblables (en particulier en comparaison avec l'Ancien Régime des sociétés européennes).

Tocqueville voit ainsi que les sociétés démocratiques sont animées par un processus continu et irrépressible d'égalisation qui est issu du principe d'égalité des droits et qui se réalise par un rapprochement constant des conditions. Cet élan qu'il décrit n'est pas le fruit d'un plan politique : c'est une tendance de fait ; parce qu'ils ont les mêmes droits, les individus vont progressivement avoir des existences matérielles plus proches les unes des autres. « Le développement graduel de l'égalité des conditions, écrit-il, est donc un fait providentiel, il en a les principaux caractères : il est universel, il est durable, il échappe chaque jour à la puissance humaine ; tous les événements, comme tous les hommes, servent à son développement. »

Un autre enseignement majeur de sa réflexion réside dans un paradoxe connu : à mesure qu'elles se réduisent, les inégalités deviennent plus insupportables. Autrement dit, c'est parce que l'ère démocratique offre à chacun l'espoir et la possibilité d'un sort meilleur qu'il apparaît toujours plus incompréhensible (ou inacceptable) que certains profitent d'une meilleure situation que d'autres. Dans la société démocratique, les opportunités se présentent *a priori* à tous et aucune position sociale n'est déterminée ni figée. Tocqueville écrit : « La haine que les hommes portent au privilège s'augmente à mesure que les privilèges deviennent plus rares et moins grands, de telle sorte qu'on dirait que les passions démocratiques s'enflamment davantage dans le temps même où elles trouvent le moins d'aliments. J'ai déjà donné la raison de ce phénomène. Il n'y a pas de si grande inégalité qui blesse les regards lorsque toutes les conditions sont inégales ; tandis que la plus petite dissemblance paraît choquante au sein de l'uniformité générale ; la vue en devient plus insupportable à mesure que l'uniformité est plus complète. Il est donc naturel que l'amour de l'égalité croisse sans cesse avec l'égalité elle-même ; en le satisfaisant, on le développe. »

Dans ce contexte, les situations plus favorables de quelques-uns apparaissent de façon d'autant plus flagrante aux yeux de ceux qui n'en profitent pas. Autrement dit, « quand l'inégalité est la loi commune d'une société, les plus fortes inégalités ne frappent point l'œil ; quand tout est à peu près de niveau, les moindres blessent. C'est pour cela que le désir de l'égalité devient plus insatiable à mesure que l'égalité est plus grande ».

L'analyse tocquevillienne est d'autant plus brillante qu'elle explique par ailleurs en quelques mots très simples pourquoi la préférence pour l'égalité a tendance à primer dans nos sociétés sur la liberté : c'est que les maux qu'elle entraîne ne sont perceptibles qu'à moyen ou long terme, alors que les perturbations introduites par la liberté sont immédiates. Les « misères » de l'égalité sont « éloignées » ; ses maux « ne se manifestent que peu à peu ; [...] on ne les voit que de loin en loin, et, au moment où ils deviennent le plus violents, l'habitude a déjà fait qu'on ne les sent plus », alors que ceux « que la liberté amène quelquefois sont immédiats ; ils sont visibles pour tous, et tous, plus ou moins, les ressentent ». Plus encore,

« les biens que la liberté procure ne se montrent qu'à la longue, et il est toujours facile de méconnaître la cause qui les fait naître », alors que « les avantages de l'égalité se font sentir dès à présent, et chaque jour on les voit découler de leur source ».

Cette démonstration conduit l'auteur à une conclusion restée célèbre : les peuples démocratiques « ont pour l'égalité une passion ardente, insatiable, éternelle, invincible ; ils veulent l'égalité dans la liberté, et, s'ils ne peuvent l'obtenir, ils la veulent encore dans l'esclavage. Ils souffriront la pauvreté, l'asservissement, la barbarie, mais ils ne souffriront pas l'aristocratie ».

De la passion égalitaire à l'obsession égalitaire

L'égalité est donc l'un des grands moteurs des sociétés démocratiques. Elle avait également été l'un des grands thèmes au cœur de la philosophie des Lumières.

Rousseau (qui écrivit ce mot terrible à l'appui de sa démonstration sur l'inégalité : « Commençons donc par écarter tous les faits ») a contribué à propager le culte de l'égalité avec son *Discours sur l'origine et les fondements de l'inégalité parmi les hommes*. Selon lui (et de façon très résumée), l'inégalité découle essentiellement de la propriété (« vous êtes perdus si vous oubliez que les fruits sont à tous et que la terre n'est à personne ») et de la domination que l'élite (pour reprendre une expression contemporaine), c'est-à-dire la noblesse à son époque, exerce sur les plus pauvres. Dès lors, la solution pour établir l'égalité doit être un renversement de l'ordre social.

La conviction de l'égalité des droits qui irrigue notre époque est relativement récente (à l'échelle de l'histoire de l'humanité). Elle apparaît avec les fondateurs de la pensée politique moderne, figures de la philosophie libérale, dont l'Anglais Hobbes, qui pose comme principe l'égalité de nature des hommes. Il écrit dans son *Léviathan* que « la nature a fait les hommes si égaux quant aux facultés du corps et de l'esprit que, bien qu'on puisse parfois trouver un homme manifestement plus fort, corporellement, ou d'un esprit plus prompt qu'un autre, néanmoins tout bien considéré, la différence d'un homme à un autre n'est pas si considérable qu'un homme puisse de ce chef réclamer pour lui-même un avantage auquel un autre ne puisse prétendre aussi bien que lui ». Au XVIIe siècle, cette pensée est proprement révolutionnaire.

L'égalité des individus, dans leurs capacités et leurs droits, est ainsi un élément capital des Lumières qui ouvrent vers les grandes révolutions démocratiques du XVIIIe siècle, aux États-Unis puis en France. Le deuxième paragraphe de la Déclaration d'indépendance américaine, qui date du 4 juillet 1776, proclame ainsi : « *We hold these truths to be self-evident, that all men are created equal.* » En France, l'article 1er de la Déclaration des droits de l'homme et du citoyen, qui arrivera une dizaine d'années plus tard (1789), va dans le même sens : « Les hommes naissent et demeurent libres et égaux en droits. »

Il faut s'arrêter un instant sur l'extraordinaire puissance de cette affirmation, qui marque l'aboutissement d'une progression intellectuelle et sociale. À la Révolution française, les représentants de la Nation attribuent des propriétés essentielles aux individus. Cette égalité, à l'époque toute imparfaite (notamment parce qu'elle exclut les femmes, que la France révolutionnaire n'est pas encore bien claire sur la façon dont elle traitera les Juifs et qu'elle n'a toujours pas aboli l'esclavage, en dépit des positions de l'abbé Grégoire), n'en pose pas moins les bases d'une conception majeure de notre modernité politique : aucun individu n'a de droit supérieur aux autres. Dès lors, tous sont légitimes à bénéficier des mêmes protections de la loi et à participer à la vie démocratique. Plus encore, cette égalité de droit « demeure » au-delà de la naissance et assure une garantie contre les discriminations arbitraires. L'article 1er est à la fois une proclamation et une promesse.

L'égalité révolutionnaire n'est pas que juridique, elle est également politique et sociale : elle est même une condition indispensable à cette égalité des conditions, en ce qu'elle autorise chacun à participer à la société sur un « pied d'égalité ». Elle l'est toujours plus au XIXe siècle, le progrès économique permis par la révolution industrielle ouvrant des revendications nouvelles. Les individus ayant constaté l'augmentation des richesses liée à l'industrialisation (et expérimenté des conditions de travail parfois très douloureuses pour la réaliser) ont souhaité pouvoir en profiter également. De fait, la réflexion sur l'inégalité s'impose en Europe continentale – il faut dire qu'elle avait moins de sens dans une société d'Ancien Régime faite d'ordre et commandée par le divin. À nouveau, Tocqueville l'a parfaitement vu : à l'âge démocratique, « la passion principale qui agite les hommes [...], c'est l'amour de cette égalité » ; c'est même « le caractère distinctif de l'époque ».

La doctrine socialiste et ses avatars vont se développer sur ce terreau, en proposant un programme politique d'égalité sociale absolue. L'égalité « réelle » devient son objectif. De la passion pour l'égalité de traitement, préoccupation politique démocratique – et donc libérale –, qui permet l'égalité sociale, l'idéologie va basculer vers une obsession égalitaire.

Raymond Aron, dans son *Essai sur les libertés* (1965), a souligné cette logique marxiste. Marx, écrit-il, est un penseur de la démocratie comme état social, un peu à la façon de Tocqueville. Seulement, là où Tocqueville perçoit la démocratie comme un régime processuel qui garantit la liberté et favorise l'égalité des conditions, Marx préfère une réflexion en termes d'absolu et d'idéal illusoire : pour atteindre la liberté réelle, l'individu ne peut jamais se retrouver dans un état de dépendance ni de misère. Aron ne conteste pas le constat, mais il observe que les moyens proposés par Marx expliquent son échec non seulement à améliorer les conditions sociales mais également à atteindre la liberté souhaitée.

Alors que la passion de l'égalité considère que la garantie des droits offre, grâce à la liberté, la possibilité de réaliser l'égalité sociale, l'obsession égalitaire estime que la traduction sociale est un impératif à garantir de façon non négociable et qui doit être inscrit dans le droit. En somme, là où la pensée démocratique dit : « Soyez libres, vous pourrez devenir égaux de fait », l'idéologie marxisante affirme : « Imposons l'égalité de fait, elle seule autorisera la liberté. » Au XIXe siècle, le débat pouvait exister. Au XXIe, l'histoire a tranché.

Chaque fois qu'il a été mis en œuvre, le projet marxiste s'est révélé autoritaire, liberticide dans son objectif, violent dans sa réalisation et contre-productif dans ses résultats. En cela, il ne faut pas avoir peur d'affirmer qu'il est moralement inférieur au modèle démocratique libéral (en plus d'être sous-performant).

Autoritaire, car l'extraordinaire diversité des objectifs humains fait que, pour que l'un d'entre eux domine une société dans un sens unique, il doit s'imposer en niant la pluralité. La démocratie, à l'inverse, ne s'intéresse pas aux objectifs et laisse chacun atteindre ceux qu'il souhaite.

Liberticide, car incompatible avec l'autonomie individuelle. Aron note que le libéralisme « s'efforce de démontrer la contradiction entre une planification autoritaire et un emploi rationnel des ressources, l'incompatibilité entre une telle planification et les libertés personnelles et politiques ».

Violent, car profondément incompatible avec le processus démocratique. La voie marxiste est par essence révolutionnaire : son projet est de mettre à bas le système démocratique et libéral. Dans l'esprit de Marx, écrit Aron, « une révolution purement politique, qui ne modifie pas l'infrastructure sociale, ne permet pas à l'homme de s'accomplir ». Son objectif n'est autre que le renversement de la société par la force, condition indispensable et incontournable pour atteindre ses objectifs et façonner une nouvelle société conforme à son idéal.

Contre-performant enfin, car le marxisme appliqué ne parviendra jamais à améliorer le sort des individus. Au contraire, les expériences conduites jusqu'à maintenant ont systématiquement (pas « occasionnellement », mais « systématiquement ») conduit à la misère sociale.

La pensée libérale a également travaillé activement la question des inégalités, intégrant évidemment le fait que la promesse formelle des droits ne suffise pas toujours à réaliser la liberté. Elle l'a fait de manière diverse mais parfois, il faut bien l'admettre, sans la développer suffisamment : non par manque d'intérêt, mais parce que, pour les libéraux, l'égalité des opportunités est première et constitue une conséquence naturelle et inéluctable du bon fonctionnement du marché.

À l'époque contemporaine, John Rawls est le grand penseur de l'inégalité. Selon cet auteur, qui va développer une pensée particulièrement populaire dans la gauche libérale (par opposition à la gauche marxiste), deux critères permettent de rendre les inégalités « acceptables » dans une société démocratique. Le premier est celui de la liberté, qu'on pourrait appeler « égalité des chances », selon lequel chacun doit pouvoir prétendre à un avenir meilleur pour lui et les siens. Le second est un principe d'équité, qu'il appelle le principe de différence, selon lequel les inégalités sont acceptables dès lors que leur existence sert ceux qui se retrouvent dans les positions les plus désavantagées de la société – autrement dit, dès lors, par exemple, qu'elles permettent des aides pour les plus défavorisés ou la rémunération du talent. Pour définir cet état, Rawls envisage un « voile d'ignorance » : selon lui, il faut concevoir la société en envisageant toutes les situations sociales, comme si nous ne pouvions savoir celle que nous allons occuper ; de cette façon, nous serons incités à réfléchir de façon neutre et objective à l'organisation la plus juste. Juste, pas égale.

L'insupportable réussite démocratique

Puisque nous avons les mêmes droits, comment se fait-il que je ne sois pas aussi riche que Jeff Bezos ou Bill Gates ?

Dans une société de castes ou d'ordres, comme l'Ancien Régime (et en réalité, dans toute société dans laquelle la situation sociale n'est pas fondée sur le mérite), le fait que mon voisin soit mieux loti que moi est une donnée, un fait injuste ou non, auquel je ne peux rien. Ma réussite y est déterminée, peut-être dès la naissance, par une puissance extérieure et exogène contre laquelle je ne peux rien. Les emplois les plus élevés de la hiérarchie sociale ne me sont pas accessibles dès lors que je ne suis pas issu du bon rang, du bon groupe. C'est le destin, le hasard.

Dans une société démocratique, à l'inverse, j'ai la possibilité de choisir ma vie, d'améliorer mon propre sort.

La contrepartie de cette formidable liberté sociale, c'est qu'elle fait peser sur les individus une responsabilité corollaire. Plus encore, le succès d'autrui me renvoie implicitement et potentiellement à mes propres lacunes : non seulement je dispose des mêmes droits politiques que mon voisin (droit de vote, droit d'expression publique, etc.), mais également *a priori* des mêmes opportunités de réussite, des mêmes voies pour connaître l'ascension sociale (accès à l'éducation, possibilité de faire des études, disponibilités de l'emploi sans discrimination de rang, etc.). En conséquence, ma situation sociale est, *prima facie*, déterminée par mes propres capacités. Dès lors, si je reste en bas de l'échelle sociale ou si j'échoue, c'est peut-être aussi de mon fait...

L'obsession égalitaire nous ramène dans une société de la comparaison permanente... paradoxalement insoutenable. Elle conduit les individus à définir leur vie – ou à tout le moins leurs attentes matérielles – en fonction des autres et de ce dont leur entourage dispose, et non selon ce qui leur serait individuellement idéal.

En somme, dans la société démocratique, la responsabilité de chacun dans la maîtrise de son destin est élevée ; ce n'est pas une charge toujours évidente à porter, ce qui explique probablement que les inégalités restent un sujet majeur du débat public.

De l'unité démocratique

Le sujet des inégalités est porté par la recherche de l'uniformité des conditions, il l'est également par une quête d'unité du corps politique.

À l'époque moderne, la démocratie n'est parvenue à se réaliser à grande échelle que dans le cadre d'une communauté politique : la Nation, qui a assuré, d'une part, une fonction politique et, d'autre part, une fonction sociale.

D'un point de vue politique, Nation et démocratie ont partie liée. Elles ne sont pas synonymes (on a vu par le passé que la glorification de la Nation avait soutenu l'avènement de régimes autoritaires et meurtriers) et la démocratie peut exister à de plus « petites » échelles (les communes sont par exemple une illustration quotidienne de l'existence d'une vie démocratique, d'ailleurs plutôt apaisée), mais ces deux concepts politiques assurent un partenariat qui n'a à ce stade pas d'équivalent.

La démocratie n'est pas un état stationnaire, c'est un mouvement continu, une confrontation sans cesse renouvelée d'idées, d'opinions, de points de vue convergents ou divergents que le vote permet de dénouer et que les élections permettent d'interroger régulièrement : rien n'y est jamais figé. Cette ébullition continue est à la fois stimulante et perturbatrice. Elle suppose qu'existe un corps politique, ce qui a deux conséquences importantes.

Pour que le processus démocratique fonctionne convenablement, il est indispensable que les individus qui s'expriment dans les urnes s'accordent au moins sur son bien-fondé, et qu'ils admettent que la voie du scrutin et des institutions démocratiques est la solution la meilleure (ou la moins pire) pour parvenir à faire de la politique, c'est-à-dire à gérer le groupe humain. Il faut donc qu'existe, à tout le moins, une forme de cadre minimal qui définisse ce groupe, ce « corps politique » – c'est la première conséquence.

À ce stade de notre histoire politique, c'est la Nation qui a incarné ce cadre à grande échelle. Il n'est donc pas si surprenant que sa définition ait suscité autant de débats, ni qu'elle continue de le faire aujourd'hui. Cela ne signifie pas que les interrogations soient nécessairement bien posées (la polémique, qui semble avoir pris le pas sur toute forme de réflexion en la matière, est rarement bonne conseillère) ni que les réponses qui sont dessinées sont systématiquement intéressantes ou pertinentes, mais il est probablement erroné de balayer d'un revers de la main la « question nationale » au motif qu'elle pourrait avoir des implications indésirables ou aurait été accaparée par certains groupes plus que par d'autres : la question de la Nation est inextricablement liée à la question démocratique et à ce titre elle mérite qu'on s'y arrête. Pourquoi ?

L'existence du « corps politique » national est un sujet de préoccupation constante et légitime en démocratie – le rôle du politique étant de permettre la vie collective. Elle implique, par essence, une forme d'exclusion puisqu'elle porte en elle un impératif de définition de la communauté politique qui accepte de se retrouver pour une vie commune. À l'inverse, elle porte également un impératif de préservation d'une forme d'unité, même minimale, dont les constructions peuvent être multiples (en France, elle est traditionnellement très « unitaire » ; aux États-Unis, la Nation est construite dès ses origines dans un attachement à des institutions et dans la volonté de disséminer constamment le pouvoir dans la société : la pluralité y est, paradoxalement pour un esprit français, consubstantielle à la définition de l'unité politique).

La Nation définit le corps politique démocratique : elle dit ceux qui en font partie et peuvent dès lors exercer un pouvoir de décision dans l'organisation commune ; elle réunit ceux qui acceptent ces règles de fonctionnement et approuvent la participation au processus délibératif caractéristique de la démocratie, par lequel ils se donnent des règles permettant de gérer leur vie collective, c'est-à-dire d'organiser leur existence politique.

La Nation établit aussi le groupe qui accepte de nouer en son sein des liens de solidarité, qui permettent la communauté politique. Elle dessine les contours de la redistribution, distinguant ceux qui y ont droit de ceux qui n'y participent pas ni n'en bénéficient – c'est la seconde conséquence.

En somme, à travers la Nation, le groupe politique choisit ceux avec qui il veut partager ses ressources, ainsi qu'un avenir commun. La Nation, écrivait Ernest Renan dans sa célèbre conférence de la fin du XIXe qui en traduit la conception française, est « une âme, un principe spirituel ». Il ajoutait, de façon très éclairante, que « deux choses qui, à vrai dire, n'en font qu'une constituent cette âme, ce principe spirituel. L'une est dans le passé, l'autre dans le présent. L'une est la possession en commun d'un riche legs de souvenirs ; l'autre est le consentement actuel, le désir de vivre ensemble, la volonté de continuer à faire valoir l'héritage qu'on a reçu indivis ». Il poursuivait dans un passage qui est resté l'un des plus connus de la pensée politique française en expliquant qu'« une nation est donc une grande solidarité, constituée par le sentiment des sacrifices qu'on a faits et de ceux qu'on est disposé à faire encore. Elle suppose un passé ; elle se résume pourtant dans le présent par un fait tangible : le consentement, le désir clairement exprimé de continuer la vie commune. L'existence d'une nation est (pardonnez-moi cette métaphore) un plébiscite de tous les jours, comme l'existence de l'individu est une affirmation perpétuelle de vie ».

Cet impératif d'animation d'une unité minimale du corps politique est probablement ce qui explique l'intervention publique dans le champ du marché, afin d'accompagner les transitions rapides et perturbatrices du mouvement démocratique et de celui de croissance économique. Le déploiement de l'État providence a ainsi été une réponse aux transformations de la société et une façon, à travers une aide progressivement structurée aux plus défavorisés et aux victimes des changements, non pas d'endormir le peuple dans une apathie patiente, mais de maintenir la démocratie en préservant la dignité de chacun et donc sa capacité à participer à la délibération collective. Dans la société d'ordres de l'Ancien Régime, la générosité des plus privilégiés, contrepartie de leur avantage social, contribuait à maintenir l'unité politique ; dans la société du mouvement de l'époque moderne, la fonction de solidarité a progressivement été confiée à des institutions gérées de façon commune.

La question des inégalités n'est pas « purement » sociale : elle doit également être pensée dans cette perspective politique et « nationale » en ce sens qu'elle porte en elle la question de l'unité : les uns recherchent l'unité par l'égalité des conditions, les autres par l'homogénéité des individus ; tous promeuvent en réalité une société d'ordre, rigide et planifiée.

La question des inégalités soulève, dans cette perspective, deux enjeux distincts, qui se rejoignent cependant : elle pointe un risque de dislocation de l'unité nationale par le haut et par le bas.

La dislocation par le haut renvoie au débat sur « les riches ».

Si les débats et polémiques sur les plus fortunés, considérés comme un groupe cohérent et solidaire (ce qui mériterait d'être sérieusement discuté, on y reviendra), ont souvent une grande vigueur, alors même qu'ils portent sur une infime minorité d'individus et pourraient être renvoyés à ce qu'ils semblent être souvent (des manifestations d'envie), c'est qu'ils touchent à une question plus profonde, qui interroge la définition du collectif. Implicitement, ceux qui les dénoncent considèrent que, par leur comportement (ou même leur réussite), « les riches » se mettent en dehors de cette « grande solidarité » qu'est la Nation. Ce discours, qui oublie de nombreuses réalités (on y reviendra aussi), est porté par une vision généralement très égalitariste de la société, qui fonde l'unité sur l'uniformité. Il n'est donc pas surprenant qu'il rejaillisse particulièrement dans les moments de crise économique par exemple.

Bertrand de Jouvenel a bien expliqué dans son *Éthique de la redistribution* (1951) que l'obsession égalitaire, qu'il associait au socialisme, est une quête d'unité. « Le socialisme, écrivait-il, cherche à retrouver cette unité sans la foi qui la rend possible. » Il ajoutait que « le sentiment profond qui habite les socialistes ne procède pas du constat que le monde a perdu le sens des proportions et est devenu injuste, que l'effort n'est pas récompensé à sa juste mesure, mais d'un sentiment de révolte émotionnelle contre les antagonismes qui agitent la société, et contre la laideur du comportement des hommes vis-à-vis de leur prochain ».

Les inégalités soulèvent par ailleurs un autre problème « national », facteur de potentielle fragmentation, par la base : lorsque la masse du peuple a la conviction qu'elles sont immuables et que son sort à elle est (négativement) scellé. Le destin des classes moyennes dans les démocraties occidentales depuis quelques décennies en est l'illustration, structuré par la peur du « déclassement », consécutif aux transformations profondes qu'ont été la mondialisation et la révolution numérique. Ces deux derniers phénomènes, qui seront plus amplement discutés dans les pages qui suivent, ont rapidement amélioré l'existence de la planète et, dans le même temps, bouleversé des équilibres passés, certainement instables, mais qui avaient l'avantage d'être connus et dès lors rassurants. Leurs conséquences sont multiples et les analyses sont nombreuses ; il serait périlleux de les synthétiser ici en quelques mots nécessairement réducteurs, mais il en ressort que les classes moyennes sont inquiètes de ne pouvoir améliorer leur propre existence ni surtout celle de leurs enfants – d'autant qu'elles constatent dans le même temps que d'autres y parviennent, sans qu'elles comprennent toujours bien pourquoi.

Cette situation est d'autant plus préoccupante que les classes moyennes sont, traditionnellement, un soutien et support clé des régimes démocratiques : leur attachement à la propriété, leur capacité à participer au débat politique, qui n'existent pas dans les autres systèmes, sont déterminants. Si elles s'en distancient par le sentiment que ces institutions produisent des sociétés injustes, elles les mettent en péril à plus ou moins court terme.

Les extrêmes, dont on ne répétera jamais assez qu'ils ont pour objectif de renverser le régime parlementaire démocratique pour le remplacer par une autre forme politique, autoritaire, l'ont bien compris. Certains ont accédé au pouvoir ; d'autres ont connu des succès électoraux, accroissant leurs résultats dans les urnes et pesant dans le débat politique. Ils se situent à l'extrême droite comme à l'extrême gauche. Les deux mettent le discours sur les inégalités au cœur de leur discours : les premiers en proposant de protéger les citoyens contre les perturbations qui viendraient remettre en cause la répartition existante (par exemple, en fermant l'entrée du pays aux migrants, qui pourraient devenir les nouveaux bénéficiaires d'une redistribution modifiée au détriment des citoyens déjà présents) ; les seconds en promettant à l'inverse une nouvelle répartition de la richesse qui mettra à bas l'existante. Les uns et les autres ont en commun de promettre régulièrement, avec une déconcertante facilité, de taxer toujours plus les « riches ».

2

Le capitalisme, meilleur allié de l'égalité

Pendant la campagne présidentielle française de 2022, le candidat d'extrême gauche Jean-Luc Mélenchon a tenu un rassemblement à Montpellier, qui a été pour lui l'occasion de dénoncer « les inégalités sociales et les profiteurs de crise » (expression au demeurant reprise en chœur par tout l'échiquier politique au cœur de la crise énergétique de 2022, certains opérateurs économiques étant mis en cause pour la croissance de leurs recettes). Assumant un discours qu'il qualifiait lui-même de « caricatural » il promettait d'« en finir avec les inégalités ». Quelques mois auparavant, sur les réseaux sociaux, Alexandria Ocasio-Cortez dénonçait pour sa part une « crise des inégalités ».

Le message semble ancré dans l'opinion : d'après une étude du ministère français des Affaires sociales publiée en 2021, « 9 personnes sur 10 pensent que la pauvreté et l'exclusion se sont développées depuis cinq ans et 8 sur 10 estiment que les inégalités ont augmenté ».

Au fil de ces discours se dessine l'idée que les inégalités croîtraient dangereusement et que ce mouvement s'accélérerait. En cause : le capitalisme, système économique qui, parce qu'il reposerait sur l'accumulation (nécessairement sauvage), conduirait à un inéluctable creusement des distances sociales entre les individus. Dit autrement, l'argent créant de l'argent, les plus riches bénéficieraient de rentes improductives qui se reproduisent et se transmettent de génération en génération. La croissance des inégalités serait donc intrinsèque au capitalisme. Dès lors, la seule façon de mettre un terme à ce mouvement nécessairement mortifère qui fragmente la société serait de renverser le régime économique dans lequel nous vivons, par l'impôt, la réglementation ou la révolution. Dans le débat public, les Robins des bois se multiplient, avec un discours simple : prenons aux riches !

Cette analyse a le mérite de l'efficacité pour susciter la mobilisation politique : nombreux sont ceux qui souhaitent devenir (plus) riches au détriment des autres.

Elle a cependant une limite – et non des moindres : ni les statistiques, ni l'histoire ne corroborent ses conclusions.

Les inégalités d'Ancien Régime

D'un point de vue politique comme éditorial, il est porteur de défendre l'idée que « tout fout le camp » et que « rien ne va plus ». Cela vaut pour le discours conservateur comme pour son pendant de gauche. Les propos sur les inégalités n'y échappent pas et régulièrement on entend répéter que c'était mieux avant la société de la mondialisation, dans le bon vieux monde industriel ; et on lorgne avec nostalgie une époque à propos de laquelle on fantasme qu'il était doux et plaisant de fumer des Gitanes au café en sortant de l'usine pendant que les femmes lavaient le linge à la main à la maison, tout en préparant le dîner des enfants.

Notre époque, si aisément dénoncée, n'a rien à envier aux sociétés qui nous ont précédées. D'abord, quelques instants de réflexion devraient nous rappeler qu'il n'y a pas grand-chose à regretter des temps pas si lointains où certaines vies étaient animalisées, ou nos fils partaient à la guerre, où les enfants mouraient en bas âge, où les bidonvilles entouraient Paris. Cette nostalgie grotesque oscille entre un romantisme ouvrier (en réalité très bourgeois) et un passéisme conservateur désagréable pour quiconque croit au progrès. Ensuite, il n'est pas évident de voir ce qu'il y aurait à envier à ces sociétés où la mobilité n'était que marginalement permise, le « sort de la naissance » déterminant le parcours d'une vie. Dans le monde d'avant le capitalisme, la répartition des perspectives sociales dans la société était le fruit du hasard d'un héritage.

Entre le XVe et XVIIe siècle, par exemple, on estime que 50 à 70 % des foyers citadins étaient pauvres. La pauvreté était une donnée acceptée avec fatalité. Et que dire des épidémies : se souvient-on de la façon dont elles ravageaient les populations, comme la Grande Peste de 1348 qui aurait tué au moins 30 % de la population européenne ?

En 1798, l'économiste anglais Thomas Malthus écrivait qu'« aucune forme possible de société ne peut empêcher l'action presque constante de la misère sur une grande partie de l'humanité ». Il avait tort et la solution était sous ses yeux : le capitalisme, alors naissant.

Ce système a permis une révolution dont il faut mesurer l'ampleur : la création de richesse et l'amélioration du niveau de vie pour les masses sont des phénomènes non seulement récents, mais également très rapides et massifs à l'échelle de l'histoire humaine : entre le XIIIe et le XVIIIe siècle, le produit intérieur brut par tête n'avait que très faiblement augmenté : d'une génération à l'autre, on vivait approximativement dans les mêmes conditions. Le revenu annuel moyen par habitant en Angleterre (environ 1 000 livres de 2010) n'a ainsi pas varié de tout ce temps. Puis est venue la révolution industrielle et, en quelques décennies, il a été multiplié par près de 30, pour atteindre 30 000 livres au milieu des années 2010.

Alors que Marx dénonçait à raison les conditions de vie douloureuses et intolérables du monde ouvrier, il passait à côté de l'évidence : que celui-ci n'avait jamais connu d'aussi bonnes conditions et que son sort s'améliorerait encore. Ce n'était pas si rare à l'époque – ni d'ailleurs aujourd'hui. Le discours économique de Malthus l'a illustré : l'auteur britannique ne croyait pas aux possibilités de croissance parce qu'il lui semblait que, la population augmentant, le monde allait manquer de ressources pour répondre à ses besoins. Il avait juste oublié de prendre en considération le progrès technique, permis par la démultiplication de la connaissance humaine libérée par les Lumières et la révolution industrielle. Or, le progrès technique dit tout de nos sociétés modernes, car il ouvre la voie de l'amélioration des niveaux de vie et de l'enrichissement des citoyens, leur permettant de connaître une situation sociale considérablement plus enviable que celle de leurs parents, dans une société qui est devenue mobile.

Plus encore, l'économie capitaliste, dont la fonction est précisément de proposer un mécanisme d'optimisation des ressources rares, est parvenue à dépasser les limites de production. Autrement dit, quand la quantité de matières premières baisse, les acteurs économiques savent, grâce à l'innovation, inventer de nouvelles solutions permettant de s'en passer (même si ce n'est pas toujours un processus facile). Les discours de rationnement, motivés par la peur d'un manque de ressources, se révèlent ainsi régulièrement faux.

Dans un temps extrêmement court, et alors même que la population mondiale explosait en nombre, le capitalisme a enrichi la planète et chaque individu en moyenne, tout en utilisant les ressources de façon toujours plus optimale. Il a même fait baisser les inégalités…

C'est un exploit !

Le capitalisme a fait baisser les inégalités comme jamais

Certains historiens ont parlé, pour décrire les transformations économiques survenues depuis la révolution industrielle, de « révolution capitaliste ». Ils n'ont pas tort : le développement du capitalisme a tout changé. Si ce régime économique n'est certainement pas parfait (mais a-t-il jamais prétendu l'être ?), il a permis les progrès sociaux les plus considérables dans l'histoire de l'humanité. Lisez bien : aucun autre système n'a rendu possibles de tels progrès. Non seulement il est le seul à avoir permis de sortir des milliards d'individus de la pauvreté, mais les tentatives alternatives à l'ère moderne ont conduit pour leur part à la pauvreté et à la misère, cette régression ayant eu pour corollaire des régimes étouffant systématiquement la liberté – voire tuant toute velléité contestataire.

Le capitalisme a concrètement obtenu deux résultats, qui ne sont pas strictement identiques : la réduction de la pauvreté et celle de l'inégalité. Ainsi, il y a moins de pauvres dans le monde (la part de pauvres dans la population totale a baissé) et les pauvres d'aujourd'hui sont moins éloignés des riches que par le passé.

La réduction de la pauvreté

Le capitalisme a obtenu un résultat extraordinaire qu'aucun autre système n'avait permis : la sortie (à poursuivre) du monde de la pauvreté. Redisons-le : dans le monde capitaliste, la pauvreté a largement disparu de la planète – alors même que la population mondiale a crû très fortement, passant d'un milliard d'habitants en 1800 à près de 8 milliards aujourd'hui.

Ce n'est pas rien. En outre – et cela donne tort à ceux qui voient dans l'économie de marché un instrument d'exploitation alors qu'elle est avant tout un vecteur de libération de la contrainte –, ces évolutions se sont faites… en réduisant la charge de travail ! L'histoire statistique montre ainsi que, hors travaux agricoles, la semaine de travail moyenne durait plus de 72 heures en 1870 en Belgique, plus de 66 heures en France et plus de 63 heures en Italie ; en 1929, elle se situait pour ces trois pays aux alentours de 48 heures et en 2000 à près de 37 heures pour la Belgique, un peu plus de 35 heures pour la France et plus de 38 heures pour l'Italie !

Cette évolution est historiquement très récente, pour ne pas dire quasi contemporaine : selon la Banque mondiale, au début des années 1980, 42,7 % de la population mondiale vivait dans l'extrême pauvreté – c'est-à-dire avec moins de 1,9 dollar par jour. En 2017, ce n'était plus le cas que de 9,2 %.

Max Roser, qui a conçu le formidable site « Our World in Data », le matérialise de façon très parlante : en 1820, sur 100 personnes, 84 vivaient dans l'extrême pauvreté. En clair, le monde était dans une situation de pauvreté générale. En 2018, cette statistique était réduite à 9 personnes ! Cette tendance est vérifiée à travers la planète : même s'il reste beaucoup à accomplir, un habitant du continent africain était trois fois plus riche en 2016 que son homologue de 1950. La même chose se vérifie dans les pays de l'OCDE : au début du XIXe siècle, six Allemands sur dix, près de sept Italiens sur dix et plus de huit Japonais sur dix vivaient avec moins de 1,25 dollar (base 2005). Aujourd'hui, ces statistiques sont à zéro dans chacun de ces pays.

N'en déplaise aux ronchons, cette sortie de la pauvreté a été particulièrement marquée avec la mondialisation – notamment en Chine.

Jamais le taux de pauvreté n'a autant diminué que durant les trente dernières années. Cette évolution absolue est d'autant plus impressionnante que, sur la même période, la population mondiale a été multipliée par 7 : entre 1990 et 2015, 128 000 personnes sont sorties chaque jour de l'extrême pauvreté. Cette tendance, si positive, s'est même accélérée sur les dernières années, 192 000 individus sortant chaque jour de l'extrême pauvreté entre 2008 et 2015.

La faim dans le monde a reculé : l'ONU (FAO) estime que si approximativement 833 millions de personnes souffraient de la malnutrition en 2001, ce chiffre atteignait 663 millions en 2017 (170 millions de moins). De façon intéressante, les pays ayant enregistré les plus fortes améliorations étaient aussi ceux qui s'étaient le mieux inscrits dans l'économie mondiale sur la même période, par exemple, parmi les plus importants : la Chine, le Brésil, le Vietnam. Sur le plus long terme, près de 35 % de la population des pays en développement était en situation de sous-alimentation en 1970, contre moins de 13 % en 2015. Ce chiffre reste élevé et traduit des situations inacceptables, mais il connaît néanmoins une nette amélioration. Si, jusque dans les années 1970, il n'était pas rare qu'une part non négligeable de la population mondiale meure encore de la famine, ce taux se rapproche ainsi de zéro ces toutes dernières années.

Le même constat peut être établi également en France. Dans ce pays, 40 % de la population a un niveau de vie inférieur à 1 582 euros mensuels en 2018 (seuil qui définit pour les statisticiens les ménages dits « modestes »). Parmi eux, un peu plus d'un tiers (9,3 millions de personnes) a un niveau de vie inférieur à 60 % du niveau médian. C'est ce dernier tiers, qui vit avec moins de 1 063 euros par mois, qui est considéré comme en dessous du seuil de pauvreté.

Le spécialiste français des questions sociales Julien Damon expliquait dans un article de 2022, « Diversité des définitions, contraste des évolutions », qu'il est possible de retenir quatre approches spécifiques de la pauvreté : « absolue », « relative », « administrative » et « ressentie ».

La pauvreté absolue est celle qui est déterminée au regard d'un seuil : il s'agit, par exemple, du nombre de personnes vivant avec moins de 1,9 dollar de pouvoir d'achat par jour. La pauvreté relative se définit, elle, en proportion d'un seuil : par exemple le pourcentage de personnes vivant avec des revenus situés en dessous de 60 % du niveau de vie médian. La pauvreté administrative correspond aux personnes qui bénéficient de minima sociaux – en France, environ 4,5 millions d'individus (7 millions si on ajoute leurs enfants et partenaires). La pauvreté peut enfin être « ressentie » :

elle s'envisage alors de façon déclarative. Ainsi, « en 2021, 35 % des personnes interrogées estiment, dans le baromètre IPSOS/Secours populaire, être en situation de pauvreté actuellement ou bien avoir connu une telle situation ». Dans le baromètre déjà mentionné du ministère des Affaires sociales, 36 % des sondés répondent positivement à la question de savoir si elles sont « déjà pauvres » ou ont un risque de le devenir dans les cinq prochaines années…

L'excellent Guillaume Bazot note dans *L'Épouvantail néolibéral, un mal très français* (2022) qu'« après prise en compte des transferts sociaux, la France apparaît, exception faite du Danemark et de la Finlande, comme le pays dont le taux de pauvreté relatif est le plus faible de l'OCDE. En effet, 13 % des Français vivent sous le seuil de pauvreté contre 16 % en Allemagne, 17 % au Royaume-Uni ou encore 20 % en Italie ». Personne ne prétend que la vie est pour autant « facile », mais c'est déjà mieux qu'avant : les statistiques publiques montrent que le revenu disponible des ménages français a été multiplié par plus de 47 entre 1960 et 2019 !

Cette croissance de la richesse est loin d'être virtuelle. Le monde dans son ensemble ne s'est pas contenté d'être plus riche, chaque individu l'est aussi devenu : le PIB/adulte a crû. Selon le site de Thomas Piketty et ses collaborateurs, « World Inequality Database », il était de 3 300 euros environ au niveau mondial en 1950, mais de 20 260 euros en 2020. C'est une fulgurante progression !

Au passage, on notera que la richesse des Français, elle, n'a pas progressé aussi vite que celle des Américains ces dernières années. Selon la Banque mondiale, alors qu'en 1980 le PIB/tête français représentait 101 % du PIB/tête américain, ce n'est plus le cas en 2020 : ce taux atteint 63 %. Autrement dit, les Français se sont appauvris relativement aux Américains.

Les Européens oublient régulièrement qu'en dépit de leurs difficultés sociales ils sont dans une position privilégiée dans le monde. Cela ne rend pas leurs épreuves plus supportables ni les éventuels écarts internes plus agréables aux yeux de ceux qui occupent les positions les plus défavorisées, mais il n'est pas inutile de le rappeler car ces chiffres permettent de souligner clairement combien le sujet des inégalités n'est pas le vrai sujet politique. D'ailleurs, il y a deux cents ans, le monde était globalement moins inégal qu'aujourd'hui : le rapport entre la région du monde la plus pauvre et la plus riche était de 3, alors qu'il était de 15 en 2018… Nous étions plus égaux mais, surtout, tous beaucoup plus pauvres.

Aujourd'hui, les habitants des pays développés restent parmi les plus riches… même quand ils sont pauvres. En 2021, avoir plus de 30 dollars par jour vous situait déjà parmi les 15 % des individus les plus riches de la planète. Max Roser a compilé d'incroyables statistiques qui rappellent ainsi quelques données intéressantes :

– Vivre avec plus de 125 dollars par jour vous situe parmi les 1 % des individus les plus riches de la planète.

– Vivre avec plus de 80 dollars par jour vous situe parmi les 3 % des individus les plus riches de la planète.

– Vivre avec moins de 6,70 dollars par jour vous place parmi les 50 % les plus pauvres (il s'agit donc du revenu médian mondial).

Le monde d'aujourd'hui est incomparablement plus riche que celui d'hier.

Contrairement à ce qui est généralement sous-entendu dans l'ensemble du débat public, le capitalisme ne semble donc pas être un accélérateur de pauvreté, bien au contraire. Les hommes et les femmes ne se sont jamais mieux portés que depuis qu'il est là – et même, leur situation financière s'est considérablement améliorée quand il a encore pu se développer à travers la mondialisation.

L'amélioration des conditions de vie

L'évolution des inégalités ne se constate pas que par des éléments financiers : non seulement le capitalisme nous a rendus plus riches, mais il a également favorisé l'éducation et la santé. Bref, il a amélioré nos conditions de vie, en les égalisant.

Le monde est ainsi plus éduqué. Au XIXe siècle, près de neuf individus sur dix étaient illettrés : cette statistique a fortement décru au cours du siècle suivant pour atteindre 14 % en 2015. Le basculement s'est produit dans la seconde moitié du XXe siècle : 70 % de la population était toujours illettrée dans les années 1930. Certes, le résultat n'est pas homogène et les statistiques internationales indiquent que le continent africain enregistre de moins bonnes statistiques en la matière, mais les données montrent qu'au cours des deux derniers siècles il y a eu une croissance remarquable du niveau d'instruction moyen et du stock de capital humain, ainsi qu'une réduction de l'écart du niveau d'instruction moyen entre les nations.

La démocratisation se remarque d'abord dans la scolarité des enfants. En 1820, environ 16,6 % des enfants français en âge d'être scolarisés en primaire l'étaient ; c'est le cas de la totalité d'entre eux aujourd'hui. De façon plus générale, alors que presque aucun enfant sur la planète n'allait à l'école au début du XIXe siècle, c'est le cas de plus de neuf sur dix dans la totalité des pays du monde en 2010, à l'exception d'une grosse dizaine de pays essentiellement africains (et même, seuls trois pays étaient réellement en dessous de 80 % d'enfants scolarisés : la Côte d'Ivoire, le Niger et le Soudan).

Des progrès restent à accomplir, notamment pour favoriser encore plus l'éducation des jeunes filles et pour que les études durent plus longtemps dans de nombreux pays, mais là aussi les résultats s'améliorent : en 1998, près de 30 % des élèves avaient arrêté leur scolarité à la fin de l'école primaire (soit 109 millions), mais ils n'étaient plus que 23 % en 2014 (60 millions).

Au total, cette élévation du niveau de formation est une dynamique puissante : le nombre de travailleurs qualifiés passera de 1,66 milliard en 2011 à 2,22 milliards en 2050, soit une augmentation de 560 millions (+ 33 %).

De manière générale, les statistiques indiquent donc que les inégalités dans l'éducation se sont fortement réduites (c'était inévitable, dès lors que le capitalisme est fondé, avant tout, sur le développement des connaissances). Par exemple, l'alphabétisation s'est généralisée dans tous les milieux : Gregory Clark, économiste américain auteur notamment de *A Farewell to Alms* (2007), une analyse historique de la croissance, estime qu'à l'ère préindustrielle environ 85 % des riches savaient lire contre 30 % des pauvres ; à l'époque actuelle, ces taux sont devenus quasiment égaux dans les sociétés les plus riches.

Le déploiement de l'économie capitaliste a aussi connu une formidable amélioration des conditions de santé des individus.

L'espérance de vie a considérablement augmenté. En 1800, elle ne dépassait 40 ans dans aucune région du globe et se situait même à un niveau terriblement bas de 29 ans en moyenne. Au début du XXIe siècle, elle était de 73 ans. En 2015, elle atteint même plus de 80 ans dans une trentaine de pays !

Depuis les années 1960, elle a augmenté de façon impressionnante : en Chine, elle est passée de 43,4 à 76 ans, en France de 70 à 82 ans ; en Inde, elle a augmenté de 66 %, en Turquie de 61 %. C'est énorme !

Mieux, la mortalité des enfants a baissé. Il y a peu, en 1990, 25,7 % de la population mondiale mourait avant l'âge de 5 ans (12 millions d'enfants) ; en 2020, cette statistique était de 8,9 % (5 millions). Les inégalités étaient également très fortes : Gregory Clark indique qu'à l'ère préindustrielle les plus riches avaient en moyenne 3,8 enfants survivants, contre 1,9 pour les plus pauvres ; à l'ère moderne, les plus riches en ont 1,3 et les plus pauvres 1,6 !

Bref, avec l'économie de marché, le monde est plus riche et bénéficie de meilleures conditions de vie matérielle. Cela n'est peut-être pas l'essence d'une vie, mais ce n'est pas rien.

La réduction des inégalités

La pauvreté peut diminuer sans qu'il en aille autant des inégalités : par exemple, si toute la société s'enrichit sans que ses extrêmes se rapprochent (avant, A est au niveau 1 et B au niveau 3 ; après, A est au niveau 12 et B au niveau 25). Or ce n'est clairement pas ce qui s'est produit. Non seulement la pauvreté s'est considérablement réduite, mais les inégalités aussi !

Cette réduction s'est réalisée essentiellement au XXe siècle et même particulièrement dans sa seconde moitié, celle qui a été portée par la mondialisation (si si !).

En 1800, note Max Roser sur son site déjà évoqué, l'immense majorité de la planète vivait dans une écrasante pauvreté, peu de pays ayant connu une forme de croissance moderne. Près de deux siècles plus tard, dans les années 1970, le monde se séparait entre deux pôles : l'un de grande pauvreté et l'autre de grande richesse. Enfin, entre ce moment et le début du XXIe siècle (2015), un formidable phénomène d'enrichissement a été constaté : la population mondiale vit aujourd'hui dans son ensemble avec des revenus supérieurs. Il y a bien eu convergence.

Avec la mondialisation et l'inscription dans le champ des échanges mondiaux de larges populations comme celles de la Chine, de l'Inde ou du Brésil, les inégalités entre pays se sont réduites : la dynamique de rapprochement des niveaux de vie entre économies, bien qu'imparfaite et incomplète, s'est fortement engagée et réalisée. Depuis le début des années 2000, la richesse par habitant (PIB/tête) a crû plus vite dans les pays les plus pauvres que les plus riches, alors qu'entre 1960 et 2000 c'est l'inverse qui était observé. Comme le note le CEPII, institut spécialiste d'économie internationale, « l'hypermondialisation, comme certains la qualifient désormais, qui s'est déployée des années 1990 jusqu'à la crise de 2007-2008, s'est accompagnée d'une convergence des niveaux de vie des pays en développement vers celui des pays développés ».

Le nombre de pays riches a d'ailleurs lui-même augmenté : alors que le monde en comptait une grosse trentaine dans les années 1960 à 2000, il y en a désormais près d'une cinquantaine. Plus d'une dizaine de pays à revenus intermédiaires sont ainsi montés dans la catégorie du dessus. Plus encore, depuis 2000, le nombre de pays pauvres a diminué et aucun pays n'a régressé, à l'exception de la Libye, du Yémen et de la Syrie qui ont connu le malheur et l'horreur de la guerre.

Les inégalités entre pays mesurent les différences entre les États, sans tenir compte du poids des populations de chacun d'entre eux : quand on intègre cette dimension à l'analyse, on parle d'inégalités internationales. Celles-ci aussi ont connu une baisse très nette, portées notamment (mais pas seulement) par l'enrichissement des Chinois et des Indiens. Ce qui est fascinant dans cette évolution, c'est qu'elle s'est réalisée et produite alors même que la population mondiale connaissait une croissance très dynamique. Autrement dit, la mondialisation a créé tellement de richesses dans le monde entier qu'elle a permis à des habitants toujours plus nombreux d'être toujours plus riches (notamment aux plus pauvres d'entre eux, ce qui explique que le monde soit moins inégal).

La mondialisation a ainsi conduit des millions et des millions d'individus hors de la misère. Ce faisant, elle s'est également accompagnée d'un déplacement du débat : jusqu'à la fin des années 1990, celui-ci se concentrait sur les disparités internationales et sur la meilleure façon d'accomplir le développement de ce qu'on désignait sous le nom de « tiers-monde » ; depuis, il se concentre plus sur les inégalités internes aux États, particulièrement dans les pays de l'OCDE. Il faut dire que les inégalités au sein des États restent déterminantes : environ 80 % de l'inégalité au sein de l'Union européenne dépendait, en 2018, de l'inégalité interne à chaque pays (les 20 % restants étant attribuables aux différences de revenus entre les États membres).

N'en déplaise aux esprits critiques, la mondialisation a incontestablement constitué une étape majeure dans l'évolution à la baisse des inégalités, principalement pour une raison : elle a sorti des centaines de millions de gens de la pauvreté.

Ces évolutions globales n'en masquent pas moins des évolutions internes plus contrastées dans les pays les plus riches. Depuis le début des années 1980 et jusqu'à la crise financière des années 2000, les inégalités y ont augmenté. La part des plus fortunés a d'ailleurs crû également, parfois de façon très dynamique comme en Russie (+ 22 points pour les 1 % les plus riches). La France a connu des évolutions beaucoup plus modestes (comme d'ailleurs la plupart des pays européens).

En Europe, les inégalités se sont accrues. Cette tendance s'explique par le dynamisme plus élevé des revenus des plus riches : « Au cours des quatre dernières décennies, les revenus moyens des 80 % d'Européens les plus pauvres ont augmenté d'environ 20 à 50 % », notent les économistes Thomas Blanchet, Lucas Chancel et Amory Gethin dans un article de recherche de 2019 ; pour les plus riches, « les taux de croissance sont nettement plus élevés, dépassant 100 % pour les 1 % les plus riches et culminant à 200 % pour les 0,001 % les plus riches des citoyens européens. Entre 1980 et 2017, les 1 % les plus riches ont capté à eux seuls 17 % de la croissance à l'échelle européenne, contre 15 % pour les 50 % les plus pauvres ». Toutefois, ajoutent-ils, « si les inégalités ont augmenté en Europe, le vieux continent reste nettement moins inégalitaire que les États-Unis. Aux États-Unis, les 1 % de revenus les plus élevés captaient 10 % du revenu national avant impôt en 1980 et en reçoivent 20 % aujourd'hui ; en revanche, dans l'ensemble de l'Europe, la part des 1 % les plus élevés n'a augmenté que de 7,5 % à 11 %. Ces trajectoires divergentes ont eu des effets très concrets sur le pouvoir d'achat des citoyens à faible revenu : les 50 % de revenus les plus bas ont vu leur revenu moyen avant impôt augmenter de 40 % en Europe, mais seulement de 3 % aux États-Unis ».

Les statistiques montrent également qu'aux États-Unis les revenus moyens des 1 % les plus riches ont crû beaucoup plus rapidement que ceux du reste de la société : + 226 % entre 1979 et 2016, par exemple, alors que celui des 20 % les plus riches augmentait de 79 % et que celui des 20 % les plus défavorisés croissait de 85 %. Autrement dit, tous les revenus ont connu une dynamique positive mais la minorité la mieux rémunérée a bénéficié d'une dynamique beaucoup plus importante.

La crise financière des années 2000 marque une rupture claire et nette dans ces évolutions récentes. Entre 2007 et 2015, les inégalités ont baissé dans un grand nombre de pays riches (pas tous : elles ont légèrement augmenté aux États-Unis, en Espagne, en France, etc.), alors que la part des 10 % ou 1 % les plus riches a généralement décru (sauf en Inde et aux États-Unis). La question est de savoir si ces évolutions contrastées sont légitimes ou non : y a-t-il de bonnes raisons d'expliquer ces variations ? On y reviendra.

De façon paradoxale, si les inégalités étaient le sujet le plus grave, ce sont les plus riches qui devraient être plaints car les inégalités sont plus fortes au sein des 1 %, qui comptent des personnes vivant très confortablement et d'autres immensément riches, qu'entre le reste de la population. L'INSEE relève ainsi que, « tout en haut de la distribution [des revenus], les inégalités sont encore plus fortes » qu'entre les 10 % les plus aisés et les 10 % les plus modestes. Ainsi, le rapport entre les niveaux de vie plancher des 10 % les plus modestes et les 10 % les plus aisés est de 3,49 en 2018 (contre 3,5 en 1996) alors qu'il est de 2,2 entre les 10 % les plus aisés et les 1 % les plus aisés, de 5,3 entre les 10 % les plus aisés et les 0,1 % et plus de 15 entre les 10 % et les 0,01 % les plus aisés.

Pour que l'analyse soit complète, il faut ajouter un regard sur le puissant effet redistributif des politiques des États providence.

Les puissants effets de la redistribution

La redistribution contribue considérablement à réduire les inégalités. L'exemple de la France, qui a un système social très développé, est particulièrement éclairant à cet égard. Mais ce n'est pas le seul : de nombreux pays riches ont développé des régimes sociaux puissants fondés sur la redistribution – y compris les États-Unis et à une ampleur parfois sous-estimée.

Pour la France, l'INSEE note qu'en 2020 le rapport des niveaux de vie entre les 20 % des Français les plus riches et les 20 % les plus modestes, de 8,6 fois avant redistribution, est ramené à 3,9 après. Autrement dit, la redistribution augmente (de 74 %) le niveau de vie moyen des 20 % les plus modestes et diminue (de 21 %) celui des 20 % les plus aisés. L'effet redistributif est encore plus frappant si l'on considère les 10 % les plus hauts et les 10 % les plus bas : le rapport entre leurs niveaux de vie est de 22,8 avant redistribution et de 5,6 après.

Quelles sont les voies de cette redistribution ?

La fiscalité, d'abord. Cela semble aujourd'hui une évidence, mais n'a pas toujours été le cas : l'impôt a dans les faits une double fonction. La première est de financer les politiques publiques, la seconde de réduire les inégalités à travers la redistribution. En la matière, toutes ses déclinaisons n'ont pas le même effet : l'impôt sur le revenu, par exemple, participe à un tiers de la réduction des inégalités de niveau de vie en France.

L'autre versant de la redistribution, ce sont les prestations sociales, qui contribuent à 63 % de la réduction des inégalités.

L'intégration dans l'équation des prestations en nature, à travers les services publics, renforce l'effet redistributif. En France, l'accès à l'éducation, la santé et le logement a un extraordinaire effet sur la réduction des inégalités. Le financement de services par les collectivités réduit par plus de 4 les différences de niveaux de vie entre les plus riches et les plus défavorisés.

Gagnants et victimes

Que la situation soit globalement bien meilleure aujourd'hui que par le passé en termes de pauvreté et d'inégalités ne veut pas dire pour autant que la vie soit rose et facile pour tous. Il reste des pauvres, qui meurent de cette pauvreté. Il reste des situations sociales difficiles. Si l'économie capitaliste a incontestablement permis d'améliorer le sort de milliards d'êtres humains, cela ne signifie malheureusement pas que le sort de chaque individu sur la planète soit aujourd'hui enviable.

Les transformations économiques (comme sociales et politiques) font à la fois des gagnants et des perdants, ce qui rend tout jugement uniforme un peu péremptoire.

C'est le cas du commerce international, par exemple. Dans l'ensemble, les économistes (et les faits) s'accordent pour conclure que son développement à des effets favorables : il est assez facile de le constater quand on mesure tous les produits dont un composant au moins provient d'un autre pays. L'échange commercial enrichit à la fois les pays importateurs, qui peuvent acquérir des biens pour des prix inférieurs (ou de rapport qualité-prix amélioré), comme pour les pays exportateurs, qui accroissent leurs revenus. On pourrait même ajouter, dans la suite de ce qu'écrivait Montesquieu au XVIIIe siècle, que l'échange international permet aussi de rapprocher les peuples et facilite la circulation de la connaissance.

Cela ne signifie pas pour autant que tout soit parfait et harmonieux.

D'abord, dans la pratique – et c'est un thème courant du débat public français –, l'échange commercial peut être déséquilibré, certains opérateurs économiques bénéficiant outrageusement des subventions publiques de leur pays pour gagner une forme de compétitivité artificielle sur leurs concurrents. À l'inverse, les exportateurs européens sont aussi parfois victimes de régimes réglementaires et fiscaux pénalisants. En la matière, il est donc un peu court d'accuser la seule mondialisation : une étude de 2010 du ministère français de l'Économie montrait ainsi que la perte d'emplois industriels, qui a concerné 1,9 million d'emplois, peut s'expliquer par trois principaux déterminants : l'externalisation, en France même, d'une partie des activités industrielles vers les services, à hauteur de « 25 % des pertes d'emplois industriels » ; les gains de productivité (c'est-à-dire la capacité à améliorer la production), à hauteur de 30 % ; et la concurrence étrangère pour 13 % seulement !

Ensuite, contrairement à ce que semblent prétendre ceux qui se scandalisent sans fin des effets de la mondialisation, la théorie économique admet évidemment que, si l'échange est globalement bénéfique, cela ne signifie pas que chaque individu y soit systématiquement et immédiatement gagnant. Les salariés les moins qualifiés des pays occidentaux, en particulier, peuvent constituer à ce titre un public particulièrement vulnérable, d'autant qu'une ouverture accrue signifie souvent que l'économie nationale devient plus volatile.

Les économistes et spécialistes ont en vérité à ce point conscience de cette problématique qu'il existe tout un pan de la recherche qui s'y consacre en étudiant comment les victimes des transformations économiques doivent être prises en compte dans les processus de réforme. L'enjeu est éminemment politique : quand survient un changement important, des situations sont déstabilisées et les inévitables perdants sont, relativement à la population globale, peu nombreux. Plus ils ont la capacité de s'organiser, plus ils peuvent exprimer leur ressentiment ou leurs inquiétudes légitimes et tenter de bloquer le processus en cours, quand bien même celui-ci serait bénéfique à l'ensemble de la société ; à l'inverse, les « gagnants » sont, eux, diffus et nombreux, donc silencieux. Lorsqu'on ouvre un secteur à la concurrence, que celle-ci soit nationale (le secteur des taxis par exemple) ou internationale (la baisse des tarifs douaniers sur un produit quelconque), les producteurs nationaux subissent un choc qui perturbe leurs activités : l'arrivée sur le marché de nouveaux opérateurs moins coûteux ou relativement plus performants va nécessairement conduire certains à ne plus être compétitifs. Tous n'auront pas les moyens de transformer leur offre – *a fortiori* s'ils sont contraints par des normes ou une fiscalité sclérosante. De leur point de vue, il sera légitime de protester. À l'inverse, les consommateurs seront ravis d'acheter des produits nouveaux de meilleur rapport qualité-prix. La confrontation des intérêts est alors déterminante et la capacité de nuisance est souvent un argument décisif.

La libéralisation du commerce est, à cet égard, un sujet intéressant car il semble que l'opinion publique soit particulièrement sensible à ses conséquences, surtout négatives, sur l'emploi local. Pour autant, dès qu'ils se font consommateurs, les citoyens en sont les principaux promoteurs ! Plus que le changement décidé par le politique, ce sont les choix qu'ils font dans leurs achats qui assurent le succès des entreprises. Si les produits chinois, par exemple, prospèrent sur le marché français, c'est d'abord parce qu'ils y trouvent beaucoup de clients volontaires.

Ce paradoxe apparent entre les valeurs proclamées et les pratiques d'achat peut s'expliquer. Comme le souligne Dani Rodrik, économiste spécialiste de ces sujets, qui a étudié la question en particulier dans des études publiées en 2020, ou comme le discutent également les économistes français David Thesmar et Augustin Landier dans un ouvrage récent sur la prise en compte des valeurs sociales dans l'analyse économique (*Le Prix de nos valeurs*, 2022), la mondialisation suscite un malaise, car les inégalités qu'elle engendre semblent en partie portées par des conditions de concurrence entre les pays qui peuvent être biaisées. En somme, la mondialisation n'est peut-être pas tant critiquée pour les inégalités qu'elle nourrit que pour leur caractère inéquitable – c'est-à-dire l'injustice qu'elle révèle ou à laquelle elle contribue.

3

La France égalitaire

Si la France exprime une passion folle pour l'égalité, elle est aussi paradoxalement, parmi les pays développés, l'un des plus égalitaires.

Le niveau d'inégalité peut se mesurer à travers un indice qu'on appelle le « coefficient de Gini », qui évolue entre 0 et 1. Plus il est faible, plus la répartition considérée est égalitaire. En 2019, l'OCDE mesure que celui de la France était de 0,29. À titre de comparaison, celui de l'Allemagne était très légèrement inférieur, alors que ceux de l'Italie, à 0,33, du Royaume-Uni, à 0,37, ou des États-Unis, à 0,40, étaient bien supérieurs. En clair, la France est un pays particulièrement égalitaire. Les seuls pays qui fassent sensiblement « mieux » en la matière sont les pays du nord (Islande, Norvège, Danemark, Finlande) et du centre (Slovaquie, République tchèque, Autriche) de l'Europe. Au demeurant, le continent est lui-même globalement égalitaire. Thomas Piketty et ses coauteurs le disent clairement : « L'Europe fait figure d'exception et se présente comme une région relativement égalitaire : c'est la seule où les 40 % du milieu (la "classe moyenne" pour faire simple) gagnent collectivement une part de revenu sensiblement plus importante que celle des 10 % du haut. »

Les Français se sont, en moyenne, considérablement enrichis depuis le début du XXe siècle et particulièrement depuis la fin de la Seconde Guerre mondiale. Ainsi, le revenu annuel national par adulte est passé (en euros constants de 2014) de 5 000 euros en 1900 à 35 000 euros en 2014. De 1900 à 1945, l'effondrement des inégalités de revenus a été massif : la part revenant aux 10 % des ménages les plus fortunés a décru, passant de 50 % en 1914 à 30 % en 1945, avant de croître un peu et décroître encore très sensiblement à partir des années 1970, puis enfin de repartir si légèrement à la hausse à partir des années 1980 qu'on pourrait presque considérer que les inégalités sont restées stables. La dynamique s'est poursuivie : ainsi, selon l'INSEE, « depuis 1996, le niveau de vie évolue de façon relativement proche du PIB » (autrement dit, les ralentissements ressentis par les Français sont en parfait accord avec le manque de dynamisme de la croissance !).

Cela ne signifie pas que tout soit idéal. À ce titre, un vrai sujet, insuffisamment abordé dans le débat public, est la pauvreté des jeunes : selon l'Observatoire des inégalités, association militante du sujet, « entre 2002 et 2018, le taux de pauvreté des jeunes de 18 à 29 ans a déjà progressé de plus de 50 %, de 8 % à près de 13 % ». La DREES, organe statistique des ministères sociaux en France, note qu'en 2020, à l'issue du confinement, 26 % se considéraient comme pauvres – c'était la catégorie d'âge de la population qui l'exprimait le plus.

L'histoire du XXe siècle français est ainsi celui d'une longue et massive réduction des inégalités. Il est important de bien avoir à l'esprit ce qui s'est passé : au XVIIIe siècle, les inégalités étaient stables mais très fortes, et elles le sont restées au XIXe siècle. Ce constat s'explique pour partie par la répartition des terres, détenues de façon disproportionnée par les nobles. Le XXe siècle à l'inverse a été celui d'un basculement, sous l'effet de plusieurs facteurs dont l'industrialisation qui, après une tendance à la concentration des revenus, a induit un enrichissement des masses (notamment par une généralisation progressive de l'accès à l'épargne et de décisions politiques de répartition intervenues après les guerres). On ne cesse de vanter les Trente Glorieuses mais, comme le rappelle très justement l'économiste Guillaume Bazot en 2022, dans *L'Épouvantail néolibéral*, « les inégalités dans les années 1960 atteignent leur niveau maximum » en France.

Le site « World Inequality Database », mis en place par Thomas Piketty et ses équipes, l'illustre très clairement par ses données : alors que les 10 % les plus fortunés recevaient 50 % des revenus en 1900, un siècle plus tard cette part est de 33,75 % – et de 32 % en 2020. La part des 1 % est passée de 22 % en 1900 à approximativement de 10 % en 2020.

Ce n'est pas la seule évolution positive qui puisse être relevée : en France, l'écart entre les revenus du travail des hommes et des femmes a décru très fortement depuis les années 1970, même s'il demeure à un niveau qui n'est pas anodin.

De façon intéressante, les statistiques indiquent que les inégalités de patrimoine ont aussi considérablement décru en France depuis le début du XXe siècle. La part du patrimoine détenue par les 10 % les plus riches, qui avoisinait 85 % en 1910, a chuté pour atteindre 50 % au milieu des années 1980, puis s'est remise à augmenter légèrement.

L'effet d'érosion du XXe siècle est ainsi très marqué en termes de possession du capital. Les statistiques du « WID » sont d'autant plus frappantes qu'elles remontent jusqu'au début du XIXe siècle, offrant une perspective historique particulièrement longue et significative. Tout au long du XIXe, la minorité la plus fortunée a détenu l'écrasante majorité du patrimoine français : sous Napoléon Ier, les 10 % les plus riches en possédaient plus de 80 % ; lorsque son neveu est défait à Sedan en 1870, cette proportion est sensiblement identique. À l'inverse, elle n'est plus

« que » d'un peu plus de 50 % en 1990. En réalité, c'est la part de patrimoine détenue par la classe moyenne qui a explosé, passant de 14 % en 1910 à un peu plus de 40 % à la fin du XXe siècle !

II

LES MÉFAITS DE LA LUTTE CONTRE LES INÉGALITÉS

4

Une éthique de renoncement, un esprit de rationnement : la redistribution est profondément malthusienne et pessimiste

Le discours des militants de la redistribution est empreint d'une forme de renoncement. À bien écouter les décideurs politiques, justiciers des temps modernes d'autant plus audacieux qu'ils font financer leurs intentions généreuses par l'argent du contribuable, il ressort l'idée qu'il faudrait rationner la richesse. À défaut de pouvoir la créer, il faudrait la répartir davantage.

Ils ne se contentent pas de vouloir favoriser les plus fragiles, ils veulent aussi limiter la prospérité de ceux qui sont « au sommet » de l'échelle sociale – comme si avoir moins de riches permettait d'avoir moins de pauvres.

Rationner la richesse

L'obsession pour l'égalité – et donc la réduction des inégalités – conduit à mettre en œuvre des politiques dont l'objectif affiché est de garantir non une « égalité des chances » mais une « égalité des places », c'est-à-dire qui visent non à garantir à chacun la possibilité de monter très haut, même au détriment des inégalités, mais à maintenir les individus entre deux bornes : l'une inférieure pour empêcher que personne ne « tombe » trop bas socialement, l'autre supérieure pour interdire de monter « trop haut ». En pratique, ces objectifs se traduisent, pour l'un, par des politiques sociales et, pour l'autre, par un mélange de fiscalité et de réglementation.

Les défenseurs de la redistribution égalitaire prétendent parfois utiliser le lexique et les raisonnements du marché, en se faisant les promoteurs opportunistes (et insincères) d'une concurrence sociale plus forte : la politique de lutte contre les inégalités aurait à la fois pour objectif de contraindre les monopoles (ou, diraient les spécialistes, les « positions dominantes ») de quelques fortunés afin que persiste une multitude de « petits » acteurs sur le marché social. C'est une supercherie, car ce raisonnement repose implicitement sur une logique d'abandon de la croissance et un refus de la libre mobilité. S'ils réglementent les places de chacun dans la société, c'est parce qu'ils ne croient pas que tout individu soit capable de réussir ni que la société dans son ensemble soit en mesure de progresser.

La politique égalitaire de lutte contre les inégalités est ainsi inspirée par l'idée qu'il ne faut surtout pas permettre à certains individus de devenir « trop riches ». Ce point de vue soulève une multitude de questions.

Qu'est-ce qu'un « riche ? »

D'abord, il n'est absolument pas évident d'établir ce que « trop riche » peut bien vouloir dire. À écouter les militants de la lutte contre les inégalités et en décryptant leurs hypothèses et contradictions, on comprend qu'il faut surtout le traduire par « plus riche que moi » ; un moteur de leur conviction est donc très certainement une forme d'envie, ce mal démocratique décrit en son temps par Tocqueville.

François Hollande avait tenté de donner une définition de la richesse. Dans un débat télévisé de 2006, avec la prétentieuse fierté de celui qui croit être provocateur, il avait affirmé : « Je n'aime pas les riches. » Dans un entretien ultérieur avec la presse, il avait fixé le niveau de richesse à environ 4 000 euros de revenus mensuels net. En soi, le propos était révélateur de tout un discours politique de gauche qui a choisi de faire d'une part de la population un bouc émissaire facile auquel il faudrait prendre son argent de force parce que sa possession serait illégitime, mais aussi parce que, riche, cette frange de la population voterait à droite et serait dès lors supposée insensible au sort des plus pauvres et des plus fragiles.

De nombreuses autres définitions peuvent être proposées. En 2020, l'« Observatoire des inégalités », une association, en avait envisagé plusieurs, retenant de façon un peu arbitraire le double du niveau de vie médian (celui qui sépare la population en deux), soit 3 470 euros pour une personne seule. Au total, l'association considérait le chiffre élevé de 5 millions de personnes, soit 8 % de la population. D'autres voies statistiques consistent à considérer le haut de la distribution des ménages en termes de revenus, de niveau de vie ou de patrimoine. Les 1 % les plus riches sont ainsi ceux qui ont un niveau de vie de plus de 6 650 euros par mois (environ 650 000 personnes) et les 0,01 %, ceux qui ont un niveau de vie supérieur à 38 500 euros mensuels (approximativement 6 500 personnes). De même, en termes de patrimoine, les 1 % les plus fortunés en ont un d'environ 2 millions d'euros, ce qui représente un peu moins de 300 000 ménages. Les statistiques publiques donnent encore d'autres pistes. Selon l'INSEE, les 1 % des revenus les plus élevés ont un revenu de 116 000 euros par an, soit environ 10 000 euros par mois avant impôts et prestations pour une personne seule (ou 17 400 euros pour un couple avec un enfant de moins de 14 ans).

Lorsqu'on leur pose la question, les Français ont des analyses divergentes. En 2013, interrogés par le journal *Les Échos*, ils considéraient qu'est riche tout individu qui gagne plus de 6 500 euros net par mois. Sans grande surprise, la perception de ce seuil n'est pas uniforme dans l'ensemble de la population : les plus jeunes le placent plus bas et les plus fortunés plus haut.

Au-delà des seuils, qui sont ces riches ? Les données publiques permettent d'esquisser des profils moyens.

D'abord, ils tirent leurs revenus essentiellement de leur travail (c'est par exemple le cas de près de 60 % des très hauts revenus en Île-de-France), même si une partie plus forte que dans le reste de la population provient de leur patrimoine (particulièrement en Corse et en PACA). En clair, les plus hauts revenus en France sont des salariés très bien payés des métropoles (c'est-à-dire probablement ceux qui travaillent le plus dans des emplois internationalisés) ou des gens qui ont des biens dans des zones très touristiques et demandées.

Les salariés les mieux payés du secteur privé ne sont au demeurant pas si nombreux : on en recense 163 000 (le 1 % tout en haut), généralement des hommes de plus de 50 ans occupant des postes de direction et percevant un salaire net de plus de 8 680 euros en 2017 (soit 7,5 fois le SMIC). Mais ce n'est qu'une moyenne car, en leur sein, ils sont environ un millier, tout en haut, à toucher plus de

89 530 euros net par mois – la part des sportifs y est significative.

S'ils gagnent beaucoup d'argent, ces salariés occupent des fonctions qui les exposent à une plus grande volatilité : 30 % sont renouvelés chaque année et même près de 60 % des mille qui sont tout au sommet. Quand ils restent en poste, ils n'en sont pas plus assurés d'avoir une stabilité parfaite. L'INSEE note que, pour « les salariés en place appartenant au top 1 000 en 2016, les salaires d'un tiers d'entre eux ont baissé d'au moins 25 % en 2017, alors que ce n'est le cas que de 13 % des salariés en place du top 1 % et de 3 % des salariés en place dans l'ensemble du privé ». Autrement dit, si l'inquiétude pour les inégalités et la stabilité des niveaux de vie était sincère, elle devrait commencer par exprimer sa compassion pour l'extrême minorité des plus riches ! Ce serait absurde – et bien la preuve que le fond du problème n'est pas le sujet des inégalités.

Les plus riches sont par ailleurs plus souvent propriétaires que les autres : 85 % des ménages « à très hauts revenus » possèdent leur résidence principale, contre 56 % des 90 % les moins aisés.

Ils habitent plus souvent à Paris ou dans les Hauts-de-Seine. Ainsi, 43 % des ménages aux plus forts revenus vivent en Île-de-France (dont 53 % des « super riches », les 0,1 % des ménages aux revenus les plus élevés), dont 20 % à Paris et 10 % dans les Hauts-de-Seine.

Familialement, ils sont plus âgés (environ 50 % des ménages concernés ont un référent fiscal de plus de 60 ans, contre 40 % pour l'ensemble des ménages) et sans enfants (37 % contre 24 % pour l'ensemble des ménages). À l'inverse, il s'agit moins souvent de familles monoparentales : 4 %, contre 11 % du reste de la population.

Enfin, en matière fiscale, ils sont de forts contributeurs : ils reversent 30 % de leur revenu initial sous forme d'impôt direct, contre 15 % pour l'ensemble de la population.

Cela étant, sans surprise, être riche n'est pas populaire. En 2015, un sondage Odoxa indiquait que, pour 78 % des Français, il est mal perçu d'être riche en France. Dans le même temps, 72 % des personnes interrogées considéraient que « c'est une bonne chose de vouloir gagner de l'argent », tout en constatant à 71 % que la société n'encourage pas les Français à le faire.

Maintien entre deux bornes

La politique de lutte contre les inégalités consiste généralement à vouloir limiter encore le nombre de riches. Ce faisant, elle se révèle profondément statique, en ce qu'elle vise à contenir la situation des individus entre deux bornes qu'elle détermine arbitrairement dans une logique difficilement compatible avec une économie de marché et un régime démocratique.

Dans la logique de l'idéologie égalitaire, l'impératif qui prévaut est que les écarts ne soient pas trop importants. En somme, il vaut mieux que Paul touche 25 et Louise 30, plutôt que Paul 35 et Louise 95.

Certains commentateurs appellent cela, très sérieusement, l'égalité des places – qu'il faudrait préférer à l'égalité des chances, précisément parce que celle-ci serait en réalité un cache-sexe des inégalités. Le mieux est de les laisser parler : « L'égalité des places cherche à resserrer la structure des positions sociales sans faire sa priorité de la circulation des individus entre les diverses places inégales », écrit par exemple François Dubet. Cet auteur ajoute : « Pour le dire d'un mot, il s'agit moins de promettre aux enfants d'ouvriers qu'ils auront autant de chances de devenir cadres que les enfants de cadres eux-mêmes, que de réduire l'écart des conditions de vie et de travail entre les ouvriers et les cadres. »

Dans cette conception, les individus évoluent entre deux bornes. L'une les empêche de tomber trop « bas » : ils doivent pouvoir bénéficier d'un filet de sécurité pour les retenir autant que possible (ce que tout le monde admet). L'autre va plus loin et leur interdit de monter trop haut : aucun ne doit pouvoir s'élever si haut que sa réussite suscite de criantes inégalités.

La façon la plus appropriée de parvenir à réaliser cette politique passe par une action publique résolue : en subventionnant les uns (en bas de l'échelle sociale) et en décapitant fiscalement les autres (en haut, évidemment).

La France est particulièrement bien inscrite dans cette politique : non seulement elle a un système d'allocation généreux mais, surtout, son débat public ne cesse de mettre en avant l'idée qu'il faudrait taxer les riches.

Les « minima sociaux » sont ainsi nombreux : l'administration en charge des affaires sociales en recense plus de dix, alignement de sigles divers et abscons pour les profanes (RSA, AAH, ASI, RSO, AER-R, etc.). En 2020, au total, 4,5 millions d'allocations ont été versées, ce qui n'est pas rien (environ 11 % de la population serait couverte), pour un montant de près de 30 milliards d'euros, ce qui n'est pas rien non plus (plus de 1 % du PIB). À ces allocations, il faut ajouter d'autres dispositifs, comme les aides au logement ou les prestations familiales qui ont aussi pour objectif de venir appuyer les revenus des ménages. Ces nombreux dispositifs souffrent de diverses faiblesses régulièrement pointées par les administrations de contrôle : leurs critères d'attribution ne sont pas cohérents entre eux, ils ne sont pas gérés par des organisations communes (complexité qui contribue à faire qu'ils sont parfois sous-utilisés, certains bénéficiaires n'en faisant pas la demande), etc.

Ces aides contribuent à réduire la pauvreté (sans elles, elle serait deux fois plus importante) et les inégalités. Les prestations sociales, qui bénéficient aux deux tiers aux ménages modestes, représentent 5,7 % des revenus des ménages en moyenne et 40 % pour la population considérée comme pauvre. Elles sont parfois mises en cause parce qu'elles peuvent constituer des « trappes à pauvreté » : leurs bénéficiaires peuvent ne pas avoir d'intérêt objectif à reprendre une activité économique, qui risquerait de leur faire perdre tout ou partie de ces revenus de compensation, et sont donc incités à rester dans la situation sociale qui est la leur.

Une idée a récemment émergé dans le débat public, qui consiste à instituer un « revenu universel », forme d'allocation monétaire qui serait versée à tous les individus. Selon les promoteurs, elle prend plusieurs formes : certains l'imaginent comme une allocation qui viendrait s'ajouter à tout ou partie de celles qui existent déjà ; d'autres, et c'est probablement plus intéressant, souhaitent qu'elle les remplace toutes. L'idée est stimulante.

À l'opposé, l'idée de taxer, taxer plus et taxer encore revient régulièrement dans le débat public. La logique est très claire et parfaitement assumée dans le discours de ses promoteurs, notamment en temps de crise économique, sociale ou politique : la fiscalité plus forte permettra de limiter le niveau de richesse. Étrange logique selon laquelle, pour rendre la pauvreté acceptable, il faudrait éviter que la richesse ne se voie trop (et logique hypocrite, au demeurant : selon une enquête réalisée par le ministère des Affaires sociales, si deux tiers des Français sont favorables à une revalorisation des minima sociaux, à peine un quart sont disposés à payer davantage d'impôts ou de cotisations pour les financer).

Quand ce n'est pas la taxe qui est privilégiée, c'est la régulation : par diverses normes, on s'assure qu'aucun acteur n'ait « trop », prétendant laisser ainsi une part pour d'autres. En réalité, ce n'est qu'une manière de contraindre la création et donc la richesse collective.

Une logique malthusienne de gestion de la pénurie

Le discours de restriction sur lequel se fondent les politiques égalitaires n'est qu'une forme actualisée du malthusianisme, cette doctrine que l'on attribue sommairement au penseur britannique du début du XIXe siècle Thomas Malthus, qui concluait à l'impossibilité de la croissance de la population humaine compte tenu des ressources alimentaires limitées de la planète (trop d'hommes, pas assez de nourriture).

Le grand économiste Alfred Sauvy l'a très joliment décrit, considérant que le malthusianisme et son opposé (la croissance !) étaient plus que des philosophies divergentes, des façons d'être contradictoires : « Le non-malthusien est audacieux et souvent généreux. Dans le vieux folklore touristique, on voit le classique voyageur anglais assis, un jour, à la non moins classique table d'hôtes, avec sept ou huit personnes. Et comme l'hôtesse apporte une volaille un peu famélique, notre homme de s'écrier : "Que de monde !" Le réflexe non malthusien lui eût dicté la phrase : "Cet oiseau est trop petit", ou même : "Apportez un second poulet." Le malthusianisme ne s'identifie pas avec l'avarice, loin de là, non plus qu'avec l'égoïsme, nous l'avons vu, car il est parfois altruiste. C'est une façon de concevoir l'existence, une façon de craindre, d'espérer, de penser, d'avoir raison ou de se tromper. »

Cette idéologie domine une bonne partie de notre époque. Depuis les années 1980, la France a renoncé : elle s'est convaincue qu'elle n'avait plus la capacité de croître. Aujourd'hui, elle fait pire : une minorité militante tente de convaincre qu'il serait sain de décroître. C'est un suicide économique et moral.

Ces raisonnements ont des effets déprimants. À force de les entendre, l'opinion se résigne à vivre dans une société de pénurie, stagnante et sclérosée. Ce faisant, elle comprend qu'il lui faut renoncer au progrès de sa consommation et de son confort : adieu, nouvel ordinateur, maison plus confortable et lave-linge plus silencieux. Le contrecoup de ce message est que les Français se demandent comment ils vont bien pouvoir continuer d'améliorer leur propre sort, leurs propres conditions de vie, et surtout ceux de leurs enfants.

Cette compréhension de la société emporte des politiques délétères : dans ce monde du manque et de l'obsession égalitaire, le rôle de l'État est de gérer la pénurie, c'est-à-dire d'administrer la distribution des trop rares ressources entre les citoyens. C'est une logique de rationnement qui prévaut : à défaut de croître, on répartit, car c'est la seule façon de rendre l'existence acceptable. Comme aucun élu n'assumerait devant ses électeurs qu'ils ne peuvent s'attendre à aucune amélioration de leur sort, les politiques préfèrent promettre qu'ils poursuivront le même objet en prenant aux uns pour redonner aux autres. Mais c'est une ambition au rabais qui n'a pour but que de rendre la stagnation moins malheureuse.

La déprime redistributive : le grand renoncement

Cette vision de l'économie et de la politique est profondément déprimante. Depuis quarante ans au moins, nous vivons dans une grande glaciation malthusienne.

La France n'a eu de cesse de gérer de façon socialement acceptable ce qu'elle ne comprenait que sous le prisme du manque et de l'insuffisance. La politique s'est réduite à partager les miettes, l'État s'offrant l'ivresse d'être la puissance déterminant qui a le droit de profiter d'une meilleure existence ou non. Plus encore, et de façon plus grave, le politique s'est résolu à ne plus chercher de solutions

(« contre le chômage, on a tout essayé », expliquait François Mitterrand), mais s'est donné pour rôle de répartir plus équitablement les problèmes : puisqu'on ne sait pas améliorer le sort des plus faibles, autant dégrader celui des mieux lotis. D'une gestion de la pénurie, on est assez rapidement passé à une logique de répartition de la misère. C'est d'une tristesse abyssale et il n'est pas étonnant que les citoyens aient répondu à cette gestion par la déprime et l'inquiétude puis la colère.

La gestion malthusienne est porteuse d'un pessimisme intrinsèque et profond : derrière le discours sur la redistribution se retrouve l'idée déprimée que la richesse ne peut plus grandir, que le monde est stationnaire et que la France a atteint le bout de son aventure.

Cette conception est un grand renoncement : un renoncement à la croissance, à la création, à l'esprit de conquête. Elle marque un abandon du progrès économique et social, la victoire d'un esprit de défaite. Les élus se penchent rarement sur les manières de faire croître par la performance, l'innovation et la libre concurrence. Leurs politiques ne cherchent pas tant à inventer, encore moins à se surpasser, qu'à répartir.

Dans une telle société stagnante et morose, comment reprocher aux Français de défendre ce qui leur est « acquis », qu'il s'agisse de protection sociale, d'avantages exorbitants ou légitimes, ou de conditions économiques favorables ? S'ils perdent ce qu'ils ont, ils savent qu'ils n'auront pas d'opportunité de compenser, y compris par leur travail.

La logique de rationnement

Cette organisation sociale est le fruit direct de notre conception égalitariste : dans un monde que l'on conçoit (voire que l'on souhaite) sans croissance économique, le mouvement spontané des individus est un péril, car il trouble l'ordre social déterminé par les promoteurs de l'égalité administrée. Dans un monde de stabilité, la mobilité est une menace. La politique d'égalité a donc pour effet de figer les situations sociales.

Cette logique d'encadrement guide la redistribution, qu'une autre image connue mais intéressante permet de décrire : celle qui consiste à comparer l'économie à un gâteau. En revendiquant sans cesse d'empêcher les uns de croître au prétexte que cette ascension nuirait aux autres, les promoteurs de l'égalité considèrent que la taille du gâteau est donnée ; dès lors, ils en organisent la répartition entre les convives. Il y a deux façons d'y parvenir et aucune n'a de bonnes conséquences...

La première consiste à limiter le nombre de convives. C'est ainsi que se multipliaient hier les politiques de « préretraites », encourageant les actifs à partir le plus rapidement possible du marché du travail dans l'espoir que cela créerait un appel d'air au bénéfice des plus jeunes. Las, ces politiques extrêmement coûteuses ont été un lamentable échec : non seulement elles n'ont pas conduit à ouvrir largement les portes du marché du travail aux nouveaux entrants, mais pis encore, elles ont certainement contribué à la déprime économique collective.

Un autre exemple, moins intuitif pour une partie de l'opinion, c'est notre traitement généralement restrictif de l'immigration économique, qui repose aussi sur l'idée qu'il faut limiter le nombre d'entrants sur le marché du travail car, celui-ci étant fixe, tout nouvel arrivant va, de fait, réduire la quantité de gâteau disponible pour les autres.

Ces arguments sont erronés. Pourquoi ? Pour une raison simple, que l'on peut résumer caricaturalement : pour avoir de la croissance, il faut du capital et du travail, c'est-à-dire des ressources et des gens qui les utilisent (et aussi du progrès technique, qui correspond à l'amélioration constante de la combinaison des premiers facteurs). Plus l'un de ces facteurs manque, plus la croissance est basse. Retirez des travailleurs du marché, et vous vous appauvrissez.

La seconde, c'est de faire des parts plus nombreuses entre les convives avec la même quantité (c'est-à-dire des parts plus petites) : c'est par exemple ce raisonnement qui sous-tend les propositions de réduction du temps de travail et de partage du travail. La France s'étant convaincue qu'elle n'était plus capable de créer de l'emploi, elle a cherché à le répartir, en demandant à ceux qui en profitaient déjà de travailler moins, espérant ainsi libérer du travail. C'était évidemment une erreur : diminuer le travail ne permet pas d'augmenter le nombre de travailleurs !

Dans un tel système de gâteau à la taille immuable, la mobilité spontanée est un risque : puisque l'on considère que la taille du gâteau est donnée, si quelqu'un en prend une part plus grande (fût-ce par son travail méritant), cela conduira nécessairement un autre à en avoir moins.

Les deux façons de gérer le gâteau, plutôt conservatrice pour l'une et prétendument progressiste pour l'autre, manquent ce qui devrait être notre seul et véritable objectif : sa croissance ! La politique égalitariste s'inspire directement de ces visions déprimées et déclinistes. Comme elles, elle échoue.

Poursuivons avec l'image du gâteau. Si on considère sa taille comme une donnée intangible, sur laquelle on ne peut avoir la moindre influence, il en ressort que toute personne qui cherche à s'enrichir ne peut le faire qu'aux dépens des autres – et que tout individu qui recherche une forme de promotion sociale ne peut la réaliser qu'au détriment des autres : dans un univers malthusien de stabilité économique, celui qui s'élève dans la hiérarchie sociale perturbe négativement les autres participants… sans que ceux-ci puissent par ailleurs espérer « regagner » des avantages et opportunités. Non seulement celui qui est monté à leur place ou au-dessus d'eux leur a nui et a confisqué à son profit une partie du bénéfice collectif, mais en outre, s'ils s'engagent également dans cette dynamique, eux aussi nuiront à d'autres ! Au final, de nuisance en nuisance, des inégalités se créeront. Cette issue étant par essence incompatible avec la logique redistributionniste défendue par le régime, ses organisateurs et participants font tout pour qu'elle ne puisse advenir.

La réaction spontanée – et au demeurant assez légitime des autres participants – est donc de chercher à empêcher le mouvement et la mobilité, qui sont des menaces pour eux et pour le système redistributionniste dans son ensemble.

La conséquence en est que chacun doit rester à « sa » place, c'est-à-dire celle qui lui a été attribuée par une puissance externe supposée administrer la société pour son bien – y compris contre son gré.

La France a fait ce choix implicite : ayant peu de croissance, elle a promis aux citoyens qu'à défaut de progresser ils ne régresseraient pas et vivraient dans une société égalitaire – ce qui fut fait ; en contrepartie, il y a peu de mobilité sociale, peu d'opportunités de promotion dans la société. Plus encore, les éléments les plus dynamiques y sont sanctionnés, en particulier par l'impôt, précisément parce qu'ils remettent en cause l'ordre établi.

Cette organisation sociale finit par figer la société dans son ensemble, car aucune réforme ne peut plus y être menée. Pourquoi ? Toute réforme fait des victimes, légitimes à s'inquiéter. Dans une société de mobilité, elles devraient avoir la compensation d'espérer de nouvelles opportunités – et à tout le moins, dans une économie « sociale de marché », de bénéficier d'un accompagnement suffisant. Dans une société égalitariste, la stabilité étant de mise, elles savent qu'elles ne retrouveront pas d'autre chance : ce qui est perdu l'est de façon incontestable – et comme elles ne peuvent pas connaître de promotion par ailleurs, c'est une condamnation définitive. Pis encore, comme l'État s'est ruiné pour maintenir l'égalité et n'a jamais pris la peine de rénover ses modes d'action, chacun sait qu'il est impuissant et inefficace pour proposer un accompagnement social digne de ce nom.

5

Le grand étouffement : le règne de l'arbitraire

La politique de déprime induite par le malthusianisme redistributif a deux effets néfastes, qui réduisent la liberté : une généralisation du contrôle social et une rigidification de la société. Il est dommageable que, dans le débat public, ces éléments ne soient jamais pris en compte.

La redistribution telle que nous la connaissons, c'est-à-dire organisée par la puissance publique, n'est pas que malthusienne et pessimiste, elle est aussi arbitraire et autoritaire. On peut l'accepter – et même considérer que c'est un moindre mal –, mais on ne peut pas l'ignorer dès lors qu'on prétend faire des choix « éclairés ».

Elle est même triplement autoritaire : par le prélèvement fiscal, qui porte atteinte au droit de propriété : par le choix des bénéficiaires, qui relève de préférences politiques ; par le contrôle de son exécution, qui empiète inévitablement sur la liberté. Bien sûr, tout est question d'équilibre et de mesure ; or il est raisonnable de considérer que les limites ont depuis longtemps été franchies en la matière.

Le prélèvement confiscatoire

La lutte contre les inégalités est autoritaire en premier lieu parce qu'elle implique la fiscalité. Pour pouvoir redistribuer des ressources, il faut les prélever, ce qui conduit, de fait, à porter atteinte au principe du droit de propriété. Cela peut être parfaitement légitime, mais, en tout état de cause, n'est pas anodin. Or nous avons trop perdu la notion du caractère exceptionnel de ce prélèvement.

Le droit de propriété est un fondement de la démocratie. Comme l'ont décrit les penseurs de la démocratie et les philosophes du XVIIIe siècle, c'est parce que le citoyen est propriétaire de son bien, de ce qu'il produit et par-dessus tout de sa personne qu'il est pleinement indépendant. Le propos reste vrai aujourd'hui, comme l'économiste péruvien Hernando de Soto l'a mis en évidence : analysant les enchaînements ayant conduit au Printemps arabe au début de la décennie 2010, il a montré que les déclencheurs de ce soulèvement populaire ont été suscités par des atteintes graves à la propriété, qui ont conduit Mohamed Bouazizi à s'immoler par le feu puis la Tunisie à se soulever dans son ensemble. Quelle raison a motivé ce geste extrême d'un vendeur ambulant ? L'impossibilité de se constituer un capital. Autrement dit, et de façon très pratique, l'impossibilité de devenir le propriétaire légitime et durable de ses outils de travail (une petite échoppe mobile). Dès lors, non seulement il était soumis à l'arbitraire permanent d'une confiscation par les autorités publiques, faute de voir son bien protégé par le droit, mais en outre il ne pouvait le mobiliser pour faire croître son activité et envisager un avenir meilleur (impossible de voir plus grand quand on ne peut prouver qu'on est propriétaire), ni même pour offrir des opportunités à sa famille (comment emprunter pour financer les études de votre enfant si vous n'avez pas le moindre début de commencement de garantie à apporter ?).

Dans les grandes démocraties, le droit de propriété est d'ailleurs protégé par les textes fondamentaux. En France, le Conseil constitutionnel, qui est l'organe chargé d'assurer que les lois respectent la Constitution, texte le plus haut de la hiérarchie juridique, l'a affirmé de façon très explicite. L'article 2 de la Déclaration des droits de l'homme et du citoyen de 1789 est, à cet égard, on ne peut plus clair : « Le but de toute association politique est la conservation des droits naturels et imprescriptibles de l'homme. Ces droits sont la liberté, la propriété, la sûreté et la résistance à l'oppression. » Plus loin, l'article 17 précise également : « La propriété étant un droit inviolable et sacré, nul ne peut en être privé, si ce n'est lorsque la nécessité publique, légalement constatée, l'exige évidemment, et sous la condition d'une juste et préalable indemnité. »

Il n'en ressort évidemment pas que la fiscalité serait illégitime – même si le libertarien Murray Rothbard affirmait que « l'impôt, c'est le vol ». Cette logique démocratique est néanmoins un avertissement : une fiscalité excessive soulève des questions économiques et politiques qui ne sont pas anodines.

Les effets économiques sont bien documentés et leurs conséquences les plus néfastes souvent résumées dans une formule rapide que l'on doit à l'Américain Arthur Laffer : trop d'impôt tue l'impôt. Autrement dit, lorsqu'on augmente la fiscalité, il arrive un moment où elle a un effet désincitatif : puisqu'ils vont payer une somme jugée trop importante sur ce qu'ils gagnent, les opérateurs économiques préfèrent ne pas la gagner ou tenter de contourner la contrainte de la taxe, par exemple en déployant leurs activités dans un autre pays.

Les effets politiques sont quant à eux généralement trop peu débattus – voire totalement oubliés. Or c'est bien la question de la liberté qui se pose. Contrairement à leurs homologues du XXIe siècle, les députés qui débattaient de la création de l'impôt sur le revenu au début du XXe siècle en avaient pleinement conscience : jusqu'alors et depuis la Révolution au moins, il était d'usage de frapper par l'impôt les biens et non les individus, pour les protéger d'investigations trop intrusives. Cette tradition explique pourquoi le projet d'impôt sur le revenu promu par Joseph Caillaux au début du XXe siècle a été très mal accueilli par une grande partie des responsables politiques de l'époque, comme le rappelle Jean-Denis Bredin, dans la biographie qu'il lui a consacrée. Les critiques sont alors vives : « On invoque l'inquisition fiscale, le secret des affaires, la liberté du citoyen. » Et pour cause : pour pouvoir instaurer cette forme de fiscalité, il faut nécessairement que l'administration ait connaissance des revenus que perçoivent les citoyens, c'est-à-dire aussi de la façon dont ils organisent leurs vies professionnelle et personnelle. Elle doit non seulement interroger les contribuables mais aussi vérifier les informations qui lui sont transmises – c'est-à-dire qu'elle dispose du pouvoir de vérifier dans la vie intime des citoyens que ce qu'ils ont déclaré est exact.

La démarche n'est pas un attentat insurmontable aux droits des individus – il y a même de solides arguments pour développer au contraire qu'elle permet, par une forme de solidarité, d'assurer que tous accèdent ainsi à un niveau de vie suffisant pour exercer leurs droits civiques. Il n'en reste pas moins que la logique de la collecte de l'impôt repose en partie sur une privation de liberté et une intrusion dans l'intimité, et qu'à ce titre il n'est pas parfaitement sain d'un point de vue démocratique que la fiscalité ne cesse de croître sans que ce mouvement soit accompagné d'une réflexion sur ses conséquences politiques.

Au début de ce siècle, la démarche s'est amplifiée et les services fiscaux ne cachent même plus qu'ils scrutent la vie des citoyens dans le détail : dans la presse, en épluchant les articles par lesquels ils pourraient identifier que les uns ou les autres étalent des niveaux de vie non compatibles avec les revenus déclarés, mais aussi désormais, avec le même objectif, sur les réseaux sociaux (afficher vos magnifiques vacances sur Instagram pourrait vous coûter plus cher que prévu !), ou avec les outils numériques, par exemple en explorant les cartes en ligne avec « vue du ciel » pour vérifier que les contribuables ont bien déclaré leur piscine ou leur véranda. Pis encore, en 2022, on apprend que l'administration a même tenté d'avoir accès aux transactions bancaires des Français ! Dire que, dans le même temps, on dénonce le capitalisme de surveillance par lequel les géants américains du numérique (les « GAFAM ») collecteraient des informations sur notre existence privée ! Au nom de l'efficacité dans la collecte des fonds publics et la traque contre la fraude, l'État se place dans la situation d'observer à la loupe et d'une façon toujours plus fine et systématique l'existence intime des citoyens.

Cette dynamique intrusive semble d'ailleurs ne pas savoir s'arrêter. Dès qu'une nouvelle activité apparaît, il est courant qu'émerge dans le débat public l'idée qu'il faudrait la taxer, que ce serait dans l'ordre des choses. Mais pourquoi donc ? En réalité, nous avons intériorisé l'idée qu'il existerait un droit légitime – si ce n'est un devoir – de la puissance publique à prélever une part de tous les revenus générés dans le pays. Si l'idée s'est affirmée, c'est que l'État recherche toujours plus de ressources – et s'il le fait, c'est notamment parce qu'il doit financer des politiques promues par l'obsession égalitaire sans cesse plus offensives.

Admettons que cela soit justifié, il reste tout de même étonnant que pas une fois la question de la liberté ne soit posée, que jamais ce principe fondamental de la démocratie ne soit utilisé comme critère à l'aune duquel apprécier la politique fiscale, quitte à considérer que les atteintes qui lui sont portées sont tolérables, acceptables et légitimes.

L'enjeu n'est tout de même pas mince : en France, les recettes publiques représentent plus de la moitié de la richesse nationale, c'est-à-dire que, pour chaque euro produit, la puissance publique en récupère plus de la moitié.

L'extension de la fiscalité marque donc, de fait, un recul du droit de propriété et, par suite, de la liberté. Certes, ce mouvement est accepté par la représentation démocratique (le Parlement), mais à certains égards cette validation semble parfois atténuée dans sa forme, si ce n'est dans son contenu profond (en particulier dès lors que dans la Vᵉ République, la réalité du pouvoir est entre les mains de l'exécutif).

La combinaison de cette infériorité institutionnelle et de cette réalité budgétaire a une signification politique forte, qui va au-delà de l'incapacité des gouvernements successifs à maîtriser les dépenses (depuis 1974, la France n'a pas eu un seul budget à l'équilibre) : elle semble renvoyer l'idée que, depuis des années, le rapport démocratique a été inversé dans la collecte des fonds publics. Alors que la logique démocratique pose comme principe que les contribuables déterminent ce qu'ils souhaitent confier de leurs ressources à la collectivité (c'est-à-dire aussi la part de leur liberté qu'ils acceptent de réduire, d'atténuer, pour financer l'action publique), la reconduction de budgets systématiquement déficitaires semble montrer que c'est désormais l'État et l'administration qui indiquent ce qu'ils exigent pour conduire leurs projets et qu'ensuite le Parlement valide, sans que cela soit bien déterminant puisque, de toute façon, l'administration dépensera plus que ce qui est prélevé. À nouveau, il existe une foultitude de raisons pour qu'un budget soit occasionnellement en déficit, mais il semble bien étonnant que jamais la signification politique n'en soit discutée.

Cette dynamique surprenante est structurée par les politiques de redistribution qui comptent parmi les plus importantes : au sein de la dépense publique globale, les « administrations de sécurité sociale » comptent pour près de la moitié, l'État et ses administrations pour un tiers et les administrations locales pour le reste.

Le réel danger est que la logique égalitaire des politiques de redistribution ne porte en elle l'extension continue de la puissance publique : dans un monde (capitaliste) qui s'enrichit sans cesse, la course à l'égalité parfaite est une course sans fin et anime non seulement un interventionnisme croissant mais aussi, pour le financer, une fiscalité et un interventionnisme intrusifs toujours plus grands. La redistribution fait ainsi basculer la logique de la fiscalité : elle n'a plus pour fonction d'assurer les revenus de la puissance publique, mais de financer l'organisation technicienne et le modelage social de la société.

Le choix du roi : la distribution des privilèges

La lutte contre les inégalités est également arbitraire, par le deuxième volet de la redistribution : le choix des bénéficiaires.

La redistribution qui est désormais solidement inscrite dans les régimes démocratiques occidentaux contribue à permettre à chaque individu d'être réellement libre. Hanna Arendt le dit très bien dans un court texte récemment redécouvert, *La Liberté d'être libre* : « Être libre pour la liberté signifie avant tout être délivré, non seulement de la peur, mais aussi du besoin. »

Il n'en reste pas moins que le choix des bénéficiaires de la redistribution ne peut être simplement posé comme une évidence incontestable. La preuve en est d'ailleurs qu'il constitue un moteur central du débat démocratique dans les États providence occidentaux.

Les politiques sociales ont de très bonnes raisons de choisir certains bénéficiaires plutôt que d'autres : spontanément, chacun conçoit que les personnes les plus pauvres ont plus besoin d'en être les récipiendaires que les millionnaires.

Cela n'interdit pas que certaines considérations politiques entrent en ligne de compte – et elles ne sont pas négligeables. Un parti conservateur pourra souhaiter favoriser la transmission au sein d'une même famille, favorisant par exemple des actions au soutien de la natalité. Un gouvernement « de gauche » pourra pour sa part préférer rogner ces aides, considérant que les vies contemporaines ne correspondent plus aux schémas qu'elles promeuvent, accroître la fiscalité sur la transmission intergénérationnelle du capital et souhaiter que les gains qu'il en tire bénéficient à certaines catégories au sein de la population défavorisée.

Rien de tout cela n'est illégitime. Cela étant, faire de la réduction des inégalités l'objectif unique (ou ne serait-ce que prioritaire) de la politique de redistribution comporte certains risques.

Le premier est que le gouvernement favorise ses amis, c'est-à-dire l'électorat du parti au pouvoir, pour assurer sa fidélité. Est-ce anormal ? Dans un pays comme la France, qui s'illusionne de l'« intérêt général », évidemment : les élus et particulièrement l'État sont supposés, comme par magie, être inspirés de façon innée par un sens désintéressé qui serait supérieur aux autres. En réalité, ce n'est guère surprenant ni bien choquant. L'expression de la volonté collective n'est pas immanente ni spontanée. Elle se dévoile dans la confrontation et naît de la tentative de conjugaison des intérêts individuels : c'est le fondement même de la démocratie. Le législateur doit donc gouverner en entendant à la fois le groupe A qui aime le projet 1, le groupe B qui préfère le projet 2, le groupe C qui considère qu'il faut favoriser le projet 2 en reprenant des idées du 1 – et même le groupe D qui s'en fiche ou le groupe E qui ne soutiendra un projet que s'il reçoit un soutien pour le sien propre en retour ! La mission des politiques est de parvenir à un compromis. Dans ce choix, il n'est pas si inconcevable qu'ils en viennent à favoriser une partie de la population qu'ils considèrent comme leur assise électorale.

Le second risque est, ce faisant, de figer la société… et d'interdire la mobilité en son sein. La redistribution conduit à attribuer des contributions financières et sociales. De façon légitime, leurs bénéficiaires y sont attachés et il ne leur est pas facile de s'en séparer : ces aides contribuent à soutenir leur niveau de vie et, même lorsque celui-ci s'améliore, leur disparition constitue une perte financière nette qu'il est impossible d'ignorer (et souvent qui peut même réduire les incitations à déployer les meilleurs efforts). Ils s'en font donc les ardents défenseurs. Cette attitude est généralisée dans une société d'État providence : les individus défendent les aides qui contribuent à améliorer leur quotidien... de même que les entreprises défendent celles dont elles bénéficient (souvent d'ailleurs pour compenser la pression fiscale ou réglementaire qu'elles subissent par ailleurs). Les spécialistes de finances publiques, qui désignent les dispositifs d'allègement d'impôts dérogatoires comme des « niches fiscales », expliquent ainsi que, « devant chaque niche, il y a un chien ». Il serait idiot de taper sur le chien ou de lui en vouloir : de son point de vue, il est normal et compréhensible de défendre ce qui a atterri dans sa gamelle.

Comme mentionné plus haut, les perdants des réformes sont souvent moins nombreux et plus prompts à se mobiliser que les gagnants. Cela leur donne une capacité de réaction, voire de blocage, plus forte.

Le risque de ces stratégies individuelles, entretenues par la puissance publique, est que chaque bénéficiaire d'un régime spécifique ne déploie son énergie pour conserver sa place. Ce faisant, tous contribuent à figer les situations et privent potentiellement les autres de leurs chances, en conservant pour eux des ressources qui pourraient être affectées ailleurs. Ils figent ainsi la société autour de positions acquises qui ne sont pas ouvertes aux nouveaux entrants. Ce risque est d'autant plus élevé que, dans une société administrée, comme doit l'être une société obsédée par l'égalité, l'ensemble du régime favorise déjà la stabilité des positions sociales.

Bref, la redistribution emporte un certain nombre de conséquences qui ne sont pas toutes favorables à l'idéal de mobilité promu dans les sociétés démocratiques (ni même compatibles avec lui). Le discours politique peut parfaitement l'assumer, mais il ne peut pas l'ignorer, ni dans ses prises de décisions ni dans l'explication de son action.

Du contrôle démocratique à la démocratie de contrôle

Dans une société démocratique, l'administration a notamment pour fonction de vérifier que les deniers publics sont correctement dépensés, précisément parce qu'ils ont été prélevés en emportant une restriction de liberté. C'est un principe fondamental, inscrit dans la Déclaration des droits de l'homme et du citoyen : « Tous les citoyens ont le droit de constater, par eux-mêmes ou par leurs représentants, la nécessité de la contribution publique, de la consentir librement, d'en suivre l'emploi, et d'en déterminer la quotité, l'assiette, le recouvrement et la durée » (article 14).

La logique n'est pas dure à comprendre : il faut s'assurer que l'administration ne fait pas n'importe quoi de l'argent qu'elle a confisqué aux contribuables. Par ricochet, ce principe implique également de vérifier la façon dont les bénéficiaires d'éventuelles aides les utilisent. Autrement dit, il faut s'assurer que, si le Parlement a prévu de façon démocratique de financer une politique de soutien aux plus défavorisés ou aux entreprises, l'argent aille effectivement aux bénéficiaires prévus et que la dépense soit efficace, c'est-à-dire qu'elle remplisse réellement l'objectif qui lui a été assigné. La fiscalité n'a *a priori* pas pour objectif d'enrichir généreusement les citoyens.

Un régime d'État providence est donc nécessairement aussi, dans une société démocratique, un régime de contrôle – limité par la séparation des pouvoirs, encadré par le droit, mais de contrôle tout de même. Si les contribuables paient pour que je sois soigné lorsque cela sera nécessaire, il n'est pas illogique qu'ils souhaitent que j'évite les comportements à risque : il ne serait pas sain que je multiplie les pratiques dangereuses au prétexte que, quoi qu'il arrive, les autres paieront pour ma santé. Si la collectivité finance mes dépenses d'énergie pour éviter que je supporte trop l'inflation, il n'est pas illogique non plus qu'elle exige de moi un comportement de sobriété dans la consommation. Je ne peux pas uniquement profiter des gains de la solidarité collective, sans assumer les responsabilités qui y sont liées.

Il est dès lors normal et même démocratiquement sain que la collectivité me dise que telle ou telle pratique individuelle n'est pas recommandée : normal qu'on me demande de ne pas trop boire, de ne pas fumer, de ne pas manger trop sucré ni salé, et normal aussi qu'on exige de moi d'être vacciné.

La solution alternative serait de faire appel au secteur privé, chacun ayant recours à sa propre assurance privée. Ne nous trompons pas néanmoins : la différence porterait *a priori* plus sur les modalités que sur les contraintes, car il est fort probable que la compagnie d'assurances exigerait également de moi de ne pas picoler ni me gaver d'aliments gras toute la journée ; le contrôle existerait toujours, mais j'aurais plus de choix et le régime serait probablement géré de façon plus rationnelle et efficace.

L'obsession égalitaire, dès lors qu'elle passe par de la redistribution dans un régime d'État providence, emporte donc trois risques majeurs : l'atteinte au droit de propriété, le copinage et le contrôle social. Ces défauts peuvent être la contrepartie de considérations parfaitement légitimes, mais il est erroné de faire comme s'ils n'existaient pas.

La mobilité est une menace

Une société d'égaux de fait n'est pas compatible avec la mobilité.

Dans une société qui recherche l'égalité, les politiques publiques sont déployées pour assurer une redistribution qui permet de maintenir les individus entre deux bornes, plus ou moins rapprochées : on taxe les uns pour empêcher qu'ils n'aillent trop haut, on subventionne les autres pour interdire qu'ils ne chutent trop bas.

Cet état de société ne peut être obtenu qu'au prix d'une technique sociale poussée : la France en est un bon exemple, qui multiplie les dispositifs fiscaux comme les accompagnements sociaux divers et variés, dans une multitude de dimensions.

Cette ingénierie sociale, pour être déployée efficacement, suppose une forme de stabilité. Il est impossible pour un appareil administratif, qu'il soit public ou privé, de suivre efficacement et en temps réel la vie intime de millions d'individus dans leurs multiples dimensions.

Pour que chacun puisse être accompagné lorsque c'est nécessaire, il faut qu'il s'inscrive dans un parcours déterminé et suivi de près. L'administration sociale tend ainsi à catégoriser spontanément, administrativement, généralement. Les individus deviennent des numéros, des dossiers, qui, s'ils sont laissés libres de leurs mouvements (par exemple en devenant entrepreneurs, ou en s'enrichissant), viennent tout perturber, non seulement pour eux-mêmes mais également pour les autres, dont ils bouleversent la progression prédéterminée (en plus de leur prendre prétendument une part du gâteau).

Il faut ainsi pouvoir catégoriser, suivre, compter, en un mot « administrer » la société, pour son bien et dans le sens d'une plus grande égalité. Ces politiques sont dès lors difficilement compatibles avec la fluidité et le mouvement ; elles s'accommodent mal de la mobilité.

La solution égalitariste est donc par essence peu compatible avec la réalité économique et sociale de l'époque moderne, toujours en mouvement. Ce n'est pas rien et cela a de multiples implications graves pour une société construite sur les principes des Lumières. On peut les dessiner à grands traits : comment ce régime d'égalité est-il compatible avec une société démocratique nécessairement fluide, qui doit promettre à chacun non une vie de confort et de stabilité, mais la mobilité sociale ? Comment est-il compatible avec une société de progrès social, nécessairement mue par la croissance, qui n'existe pas sans l'impératif de mouvement suscité par la concurrence et l'innovation ? Comment, enfin, est-il compatible avec la justice qui ne peut être fondée sur un principe d'égalité des situations individuelles dans une société libérale ?

6

L'échec de la providence

Georges Clemenceau disait qu'en France on plante des fonctionnaires et il y pousse des impôts. Ce n'est pas tout à fait faux : les différents gouvernements de la Ve République ont été en la matière de généreux planteurs. Pour autant, les agents publics ne sont à l'évidence pas contents.

Les débuts de la crise sanitaire du Covid ont été, en la matière, tristement illustratifs. Souvenons-nous : lors du premier confinement, au printemps 2020, en dépit des promesses électorales, les professionnels de santé manquaient de tout. Les hôpitaux lançaient des appels aux dons, réclamant des gants, des masques et des paravents pour pouvoir isoler les patients malades (ou les mourants).

Ce moment était révélateur d'une crise plus profonde : ces dernières années, les agents publics ont régulièrement fait part de leur lassitude ou de leur colère. Les policiers ont manifesté pendant des nuits à Paris. Les enseignants se plaignent régulièrement de leurs faibles rémunérations et de leurs piètres perspectives de carrière – d'ailleurs, la profession n'attire plus les jeunes. Les agents de l'administration pénitentiaire font face à des conditions de travail déplorables. La liste pourrait être longue encore. Les usagers ne semblent pas plus satisfaits. Nul besoin de revenir sur les statistiques de l'Éducation nationale, dont les performances ne cessent de se dégrader – et, à l'inverse, sur le succès du secteur privé, qui indique qu'à tout le moins les parents « fuient avec leurs pieds ». Là aussi, l'énumération pourrait durer longtemps.

Tous réclament régulièrement plus de moyens. La revendication est à la fois caricaturale et surprenante. Comment est-il tout simplement possible que les fonctionnaires français manquent de ressources dans leur action quotidienne ?

Il y a là un extraordinaire et étonnant paradoxe : la France est un pays dans lequel le secteur public bénéficie d'une abondance de financements mais se retrouve avec une pénurie de moyens. À l'évidence, il y a là quelque chose de profondément illogique.

La France est le pays développé dont les collectivités publiques prélèvent le plus de richesse : les recettes publiques représentent 52,5 % du PIB en 2021, dont 45,2 % de prélèvements obligatoires en 2022 (autrement dit, pour chaque euro de richesse produit par les Français, les collectivités publiques prélèvent plus de 52 centimes, dont 45 en taxes et impôts).

Par ailleurs, c'est également le pays où elles dépensent le plus : 57,6 % du PIB en 2022, ce qui est énorme. La différence entre les recettes et les dépenses explique évidemment le niveau du déficit public (5 % en 2022), qui est également important et qui vient, chaque année depuis 1974, s'accumuler pour entretenir la dette publique, elle aussi à un niveau record (plus de 111 % du PIB), que nous laissons aux générations futures, comme cadeau à rembourser pour nous.

Vu sous cet angle, la France vit au-dessus de ses moyens.

Il n'en reste pas moins étonnant que, sur le terrain, toute cette abondance de financements se traduise par une pénurie de moyens et une crise du service public ! Il semble bien y avoir quelque chose qui ne fonctionne pas dans le « modèle social » français.

Comment l'expliquer et quelles en sont les conséquences sociales et politiques ?

Lorsque l'innovation paraît

L'économie dans laquelle le monde a progressivement évolué depuis la révolution industrielle se caractérise par une dynamique de croissance continue, c'est-à-dire par un jeu d'innovation conduisant à un renouvellement constant des structures de production. Dans cette économie en mouvement, des solutions nouvelles viennent sans cesse contester et remplacer les anciennes, proposant aux consommateurs des produits et des services de meilleure qualité et à moindre coût. Ce mouvement a été décrit, de façon célèbre, par l'économiste Joseph Schumpeter, qui montre dans quelle mesure il est à la fois destructeur et créateur.

Cette dynamique est tout simplement extraordinaire : c'est elle et nulle autre qui a permis l'enrichissement du monde, sa sortie de la misère. Un seul régime politique y est adapté : la démocratie, parce que, étant une confrontation fluide et indéterminée d'interactions, elle permet d'intégrer spontanément les adaptations politiques et sociales nécessaires pour accompagner ce puissant mouvement.

Ce bouillonnement déstabilisateur présente certains traits de permanence dans les réflexes et réactions en chaîne qu'il suscite depuis les débuts de la révolution industrielle.

Les prémisses d'une révolution technologique se trouvent dans l'invention, scientifique ou pratique : au commencement est l'innovation. Celle-ci germe de la recherche, scientifique ou appliquée, qui conduit un inventeur à proposer une nouvelle offre, qui satisfait mieux les consommateurs et vient se substituer à l'existant. Ce faisant, l'invention qui a du succès devient modèle économique. Ce n'est cependant que le début du processus, qui peut bouleverser toute la société.

Prenons l'exemple de l'électricité, que les travaux d'Edison permettent d'expliquer et d'apprivoiser au XIXe siècle : les conséquences de cette innovation vont s'inscrire dans le long terme d'une façon que personne n'avait anticipée. L'électricité va révolutionner l'usine. Si vous allez un jour visiter l'abbaye de Fontenay, en Bourgogne, vous découvrirez, niché dans une petite vallée boisée, un magnifique édifice. À ses côtés se tient un atelier dans lequel les machines, d'un bois robuste et épais, sont alimentées par une source d'énergie unique : l'eau. Comme pour les moulins, c'est la force du liquide en mouvement qui fait tourner l'axe qui les entraîne ensuite. L'atelier est organisé en fonction de cette source d'énergie : les machines sont alignées selon leur besoin en énergie, non selon la logique d'élaboration du produit fini. Au demeurant, comme les moulins à eau avant elle, cette usine dépend des éléments naturels.

L'usage de l'électricité va révolutionner cela.

Première transformation : l'innovation bouleverse l'organisation de la manufacture… et, partant, de toute la société. Pour une raison simple : l'usage de l'électricité rend chaque machine indépendante, puisque chacune peut être alimentée directement en énergie. La première conséquence de ce bond technologique est que l'atelier peut être réorganisé : désormais, la machine produisant l'étape 1 du bien peut venir en amont de l'étape 2 – alors qu'auparavant, si l'étape 12 nécessitait plus d'énergie dans sa production, elle venait peut-être avant l'étape 3.

Qu'est-ce que cela signifie ? Qu'on peut revoir toute l'organisation de la production : c'est la deuxième transformation, celle du modèle économique. En clair : grâce à l'électricité, le capitalisme a pu inventer le travail à la chaîne et avec lui, plus tard, le fordisme. Désormais, dans une usine plus performante, les salariés sont organisés différemment, pour produire en beaucoup plus grande quantité. Les produits, portés par l'apparition et le plein déploiement de la publicité qui commence à apparaître sur les murs de Paris par exemple, vont pouvoir se diffuser sur le marché. Ainsi, le fordisme va irriguer toute la société pour devenir un modèle de consommation. Henry Ford n'est-il pas réputé avoir promis de permettre à chaque Américain de s'acheter un modèle de sa fameuse Ford T, la première automobile produite en masse, dans n'importe quelle couleur, « pourvu que ce soit noir » ? Le mode de production à la chaîne est ce qui a permis l'entrée pleine dans la société de consommation.

Cette transformation est allée au-delà de la sphère industrielle. Chacun se souvient des images de Charlie Chaplin dans *Les Temps modernes*, sur lesquelles on le voit, en ouvrier, se débattre avec les nouveaux outils de l'usine moderne. Dans ce film apparaît un phénomène social : l'émergence d'une classe ouvrière industrielle, c'est-à-dire de millions de personnes qui exercent un travail répétitif et normé, certes moins pénible qu'auparavant, mais qui le reste terriblement. Cette nouvelle organisation va conduire à la constitution d'un monde ouvrier plus fortuné, bien que toujours défavorisé, qui va modifier l'urbanisme (il faut loger tous les travailleurs réunis en un seul lieu), mais aussi la politique (avec la constitution de partis ouvriers), etc. Le travail d'Edison a ainsi ouvert la voie à une révolution formidable, aux ramifications sans fin.

Parmi ces travailleurs, certains vont arriver lors des migrations massives qui ont attiré vers les États-Unis des millions d'Européens en quête d'un monde meilleur. Leur accueil et leur bonne intégration outre-Atlantique, dans un régime politique de pluralisme et de liberté, ont également été permis par l'existence de structures économiques susceptibles de répondre favorablement à leur quête d'opportunités.

Ces éléments dessinent une conséquence supplémentaire de l'innovation électrique, d'ordre social. Après la transformation des modèles d'affaires microéconomiques et sa transcription dans l'ordre macroéconomique, vient une troisième transformation, celle du bouleversement managérial car on ne gère pas des milliers de salariés, aux fonctions normées dans une société de consommation de masse en devenir, comme on gérait des ouvriers semi-artisans en petit nombre dans une économie de pénurie.

En la matière, la massification de la gestion des « ressources humaines » finit inévitablement par quitter le champ de l'individu ou de l'entité de production pour devenir une question de société. L'innovation initiale devient progressivement une question sociale, portée par la multiplication des interrogations nouvelles qui émergent dans la vie des gens. Les ouvriers portent des revendications légitimes liées à leurs conditions de travail devant des entrepreneurs qui, eux aussi, découvrent de nouveaux modèles économiques. Les uns et les autres ne sont pas mus par les mêmes intérêts ni n'ont les mêmes perspectives, et c'est précisément de la rencontre de ces divergences qu'émergent des solutions nouvelles.

Le tout se porte progressivement dans le champ politique, dont c'est l'essence même d'organiser la gestion des problématiques communes, de la vie du groupe : d'un laboratoire, l'innovation se retrouve à animer le débat démocratique. D'une certaine façon, le Front populaire est ainsi une conséquence lointaine mais pas si indirecte des travaux d'Edison !

Ce processus, résumé et illustré ci-dessous, est nécessairement réducteur, mais il semble pouvoir être une grille d'analyse réplicable pour d'autres transformations structurelles de l'économie. Il se vérifie globalement pour la révolution numérique par exemple.

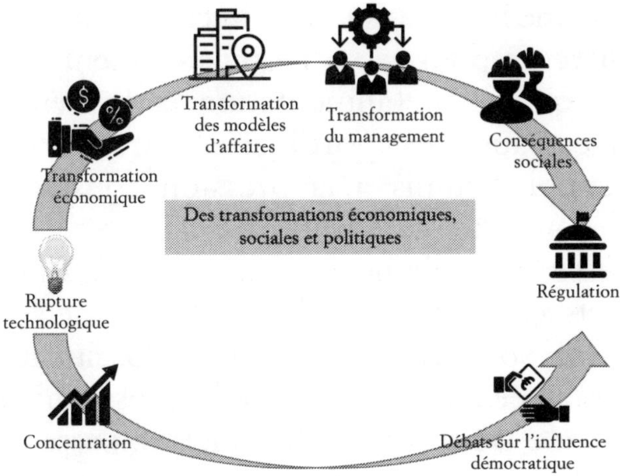

De la concentration économique : mérite et légitimité

L'irruption du politique dans l'appréhension de l'innovation ouvre la voie à d'autres revendications ou débats qui dépassent le champ social ou des relations de travail et qui emportent une dimension démocratique, faisant basculer la transformation initiale dans un combat de titans.

D'abord, le développement des nouveaux opérateurs vient bouleverser les équilibres économiques antérieurs, suscitant des oppositions (et des ennemis !). Le secteur de la distribution est à cet égard particulièrement illustratif et passionnant : comme il est au contact direct des consommateurs pour leurs besoins élémentaires au quotidien (alimentation et hygiène), il est aussi extraordinairement concurrentiel, soumis à la pression constante des attentes exigeantes des clients. Il ne cesse donc d'innover et de se livrer à une lutte continue pour l'amélioration de son offre. Son histoire moderne est fascinante. Résumée à grands traits, elle nous ramène au XIXe siècle, quand les galeries, passages qui rassemblent un lieu unique, protégé et agréable, une diversité de commerces, viennent remplacer les échoppes souvent vieilles et sombres, dispersées dans Paris. Rapidement, toutefois, ces lieux vont être mis en concurrence par de nouveaux espaces de distribution : les grands magasins. Zola décrit ce saut dans *Au Bonheur des Dames* : le boutiquier Robineau voit s'ouvrir à côté de son commerce un grand magasin, signe d'abondance et de disponibilité des produits, accessibles directement aux consommateurs qui peuvent les regarder et les toucher. La description est directement inspirée des projets que développent alors Boucicaut (fondateur du Bon Marché) et Bader (fondateur des Galeries Lafayette).

Le soir, Robineau peste devant sa nièce Denise (évoquée plus haut) qui, très séduite par ce nouveau modèle symbole de modernité, finit par lancer : « Le public ne se plaint pas, lui ! » Quelle audace ! Zola réplique immédiatement pour Robineau : « Sans doute, le client était satisfait, puisque, en fin de compte, c'était le client qui bénéficiait de la baisse des prix. Seulement, il fallait bien que chacun vécût : où irait-on, si, sous le prétexte du bonheur général, on engraissait le consommateur au détriment du producteur ? » Le débat n'a pas changé aujourd'hui, alors que de nombreux politiques protestent et réclament régulièrement que des régulations soient instaurées pour contraindre la concurrence, au nom de la défense des acteurs en place.

Denise a beau répliquer, elle n'est pas entendue. Mais le mouvement qu'elle décrit est irrépressible : « [...] les intermédiaires disparaissaient, agents de fabrique, représentants, commissionnaires, ce qui entrait pour beaucoup dans le bon marché ; du reste, les fabricants ne pouvaient même plus vivre sans les grands magasins, car dès qu'un d'entre eux perdait leur clientèle, la faillite devenait fatale ; enfin, il y avait là une évolution naturelle du commerce, on n'empêcherait pas les choses d'aller. »

Ces débats sont les mêmes que ceux qui, au XXIe siècle, se portent contre le développement du commerce en ligne. Cela ne signifie pas qu'ils soient illégitimes, ni qu'il faille nécessairement abandonner tous les acteurs historiques à leur sort ; mais cette dynamique destructrice de la concurrence explique bien comment une innovation en arrive à être portée dans le champ politique. En déstabilisant, généralement pour le meilleur, les équilibres existants, l'innovation engendre des levées de boucliers d'autant plus vives que ceux qui les portent sont organisés et détiennent une puissante capacité de nuisance.

Autre illustration particulièrement significative : dans la seconde moitié du XIXe siècle, l'économie américaine est transformée par deux sauts technologiques qui apparaissent à l'époque et rétrospectivement comme des innovations majeures : le télégraphe et les chemins de fer.

Ces techniques s'inscrivent dans la dynamique même du capitalisme, qui est celle d'une accélération continue de la transmission de l'information et d'une amplification des échanges. Elles vont permettre aux industriels de changer d'échelle. Grâce à elles, les producteurs américains peuvent échanger plus vite et transporter leurs marchandises plus loin : ils ont désormais accès à un marché étendu.

Ce déploiement va avoir une conséquence commerciale : en permettant le transport de marchandises, ces innovations introduisent la vente à distance sur catalogue, suscitant rapidement la colère des petits marchands, qui voient dans l'arrivée de ces offres nouvelles une concurrence déloyale.

De la concentration économique : le choc des titans

De façon *a priori* plus anecdotique (mais en réalité beaucoup plus structurante pour l'économie capitaliste moderne), les innovations dans le rail vont également permettre le transport de nourriture dans des wagons réfrigérés. Ce nouveau mode d'approvisionnement va permettre la livraison de viande en masse à Chicago et y conduire à une baisse des prix de 30 %. Cette déflation ne pouvait évidemment pas plaire à ceux qui, jusque-là, avaient profité d'une situation plus protégée : elle suscita l'ire des bouchers locaux, qui s'engagèrent dans une campagne médiatique de dénonciation du « *beef trust* », critiquant avec vigueur la constitution d'un petit groupe de géants industriels. Cette campagne rencontra un terrain favorable dans le mouvement de colère sociale face aux transformations économiques du moment, avivant une crise économique qui se transcrivait alors dans les urnes par le succès du Parti populiste (il s'appelait réellement comme cela).

La revendication des bouchers de Chicago a directement conduit à l'adoption, à la fin du siècle, du droit de la concurrence américain (« anti-trust »), c'est-à-dire de la régulation qui vise à empêcher les entreprises de devenir trop grosses et de profiter de leur position sur le marché pour tuer la concurrence. Ces normes qui se sont progressivement généralisées, désormais appliquées en Europe également, conduisent la Commission européenne à sanctionner régulièrement de grands opérateurs économiques.

Cette anecdote permet d'aborder un deuxième sujet de réflexion : la crainte que la concentration économique inspire au politique.

La tendance à la concentration économique, c'est-à-dire à l'agrégation de l'activité autour de quelques acteurs particulièrement puissants, semble se reproduire dans chaque processus d'innovation – que l'on pense, par exemple, à la Standard Oil dans le pétrole, AT&T dans les télécoms ou les « GAFAM » de l'économie numérique aujourd'hui. Comment l'expliquer ? De deux façons. D'abord, l'émergence d'un nouveau modèle de production nécessite généralement un apport élevé de capitaux : pour acheter les machines, pour investir, pour déployer les capacités de production et de vente, il faut de l'argent. L'explication est aisément compréhensible dans le cas des industries qui ont besoin de très forts financements : on n'imagine pas, par exemple, que le développement du rail ait pu se faire sans le recours massif à l'investissement – et, de fait, il en a fallu beaucoup, conduisant progressivement à une rationalisation du secteur, seuls les acteurs les plus puissants restant sur le marché. Aujourd'hui, à l'heure de l'économie numérique, l'investissement se fait dans le développement de nouveaux modèles, le recrutement de talents ou dans l'acquisition massive de clients, que recherchent les plateformes pour être les premières à atteindre une taille critique sur leurs marchés respectifs et remporter ainsi la mise.

Ensuite, les premiers arrivés sur un marché, qui y développent un produit inédit ou une solution nouvelle, bénéficient d'un avantage certain qui peut leur permettre de capter les premiers la clientèle et de massifier leurs ventes. Dans un marché concurrentiel, la concentration peut être la marque du succès – et un signal pour de nouveaux entrants qu'il existe un marché attractif sur lequel ils peuvent également capter une part de profit en répliquant l'offre initiale. Ces suiveurs peuvent même constituer d'utiles stimulants qui obligent les leaders à ne jamais se reposer sur leurs lauriers. Dans cette hypothèse, le politique peut se retrouver hostile à un état de fait (la concentration du marché) qui est en réalité positif pour le consommateur.

La démonstration ébauche ici une jonction avec le sujet des inégalités : sur un tel marché, l'inégalité entre opérateurs économiques est forte mais pas illégitime – ou même plus, elle est saine et positive.

Il existe à l'inverse des cas moins glorieux où la position de domination s'explique par des pratiques non concurrentielles, mais par une sorte de fraude au marché. Les outils à disposition sont nombreux et pas tous très honorables. Une première façon de faire est de déployer des stratégies par lesquelles un acteur abuse de sa position pour tuer ses concurrents, ou s'arrange secrètement avec quelques-uns d'entre eux pour asphyxier de concert leurs petits camarades trop gênants. Ces pratiques sont formellement interdites dans le droit américain et européen notamment, car elles ont pour effet de flouer gravement les consommateurs et ne sont pas fondées sur une concurrence « par les mérites » – au fond, parce que la position sur le marché est alors en réalité le résultat d'une tricherie et d'une injustice.

Ces pratiques anticoncurrentielles ont pour effet d'accroître les inégalités de richesse de façon indue : les entreprises qui évitent la concurrence conservent par-devers elles une partie de ce qui devrait revenir aux consommateurs. Hors concurrence, elles peuvent augmenter leurs prix, être moins performantes, produire des biens de moindre qualité ou moins investir dans l'innovation. Ce faisant, elles opèrent un transfert de richesse des consommateurs vers elles, leurs salariés et actionnaires : elles s'enrichissent sans que cela soit « mérité » … et creusent les inégalités.

L'une des conclusions qui ressort de ces lignes est que la concentration n'est pas nécessairement illégitime – au contraire, dans une économie d'innovation, elle peut être le résultat d'un mouvement sain et bénéfique. Il ne saurait dès lors être exclu que la tendance actuelle de concentration soit – du moins en partie – portée par des dynamiques positives.

De la concentration économique : la capture réglementaire

La concentration économique semble avoir suscité régulièrement dans l'histoire moderne la peur que quelques entreprises n'exercent une influence trop forte sur la démocratie. En somme, il y a une crainte récurrente que la puissance économique se traduise en puissance politique, ou à tout le moins que le pouvoir économique vire à l'ingérence politique. Raymond Aron l'écrivait dans son *Essai sur les libertés* : « À partir d'une certaine concentration, la richesse entraîne ou risque d'entraîner une telle puissance de quelques-uns que, du coup, la mise en question des fictions démocratiques devient inévitable. »

Une façon pour une entreprise d'assurer sa domination sur un marché est d'user de sa position pour tirer profit de relations politiques : une très grande entreprise peut consacrer des moyens financiers importants à convaincre le gouvernement ou le Parlement d'adopter des réglementations qui auront pour effet de restreindre la concurrence autour de son activité – et souvent, au demeurant, sans intention maligne. De cette manière, l'acteur économique en place peut constituer une rente, protégée par le droit, interdisant de fait la concurrence ou la réduisant considérablement. La littérature économique estime que cette « capture » de la régulation est particulièrement illustrée par le cas des entreprises publiques proches de leur régulateur (par exemple parce que leurs dirigeants appartiennent aux mêmes cercles d'affinités : clubs, réseaux, formations, etc.). Les Américains désignent ce phénomène sous le terme de « *crony capitalism* », « capitalisme de connivence ».

Ce phénomène ne doit cependant pas conduire à rejeter le lobbying en bloc. Il est au contraire légitime et utile. Légitime car il trouve sa source dans des comportements humains on ne peut plus classiques : chacun est naturellement porté à solliciter ses réseaux d'affinités pour faire valoir les arguments dont il est convaincu. Utile car c'est de la confrontation des différents argumentaires que les élus peuvent tirer la construction de la norme. Les ONG et organisations politiques les plus hostiles au capitalisme ne se gênent d'ailleurs pas pour mobiliser leurs propres contacts et influencer la construction du droit.

Pour limiter ces usages, il faut restreindre les tentations : puisque les acteurs économiques sont naturellement tentés de solliciter leurs réseaux pour se protéger de la concurrence, il faut veiller à ce qu'ils n'en abusent pas. Deux façons semblent évidentes pour y parvenir : la transparence des actions de lobbying (c'est précisément ce que font l'Union européenne ou la France en tenant des registres publics) ainsi que la limitation du rôle des acteurs publics dans la société : moins l'État intervient dans tous les champs de l'action humaine, moins les individus seront tentés de l'utiliser à leur profit personnel – ou, à tout le moins, cette tentation aura un effet restreint si elle est déployée. Contenir l'État n'est donc pas seulement favorable à la liberté, cela sert également les consommateurs en contribuant à garantir une bonne réglementation et en évitant que les deniers publics ne soient confisqués pour servir des causes individuelles. Autrement dit, contraindre l'État plutôt qu'inciter à son développement peut nourrir la cause du mérite et de la justice – et éviter de perpétuer des situations injustes !

La réelle motivation de l'intervention publique face aux phénomènes de concentration tient probablement aussi au fait que, en démocratie, l'ordre politique aime rappeler sa souveraineté et sa supériorité sur l'ordre économique : c'est le vote et les représentants démocratiquement élus du peuple qui, en dernier lieu, font la norme (c'est d'ailleurs pour cette raison que Milton Friedman s'opposait à l'intervention des entreprises dans le champ politique, notamment à travers leur engagement social, considérant qu'il ne leur appartient pas de décider à la place du politique ce que doit être la norme commune).

Accompagner le changement

Comme on l'a vu plus haut, c'est la question nationale qui explique et justifie l'action publique en matière d'inégalités et d'injustice. Cela nous ramène au début de ce chapitre : c'est parce que l'innovation perturbe les équilibres existants qu'elle suscite, à contretemps, de la régulation économique et sociale visant à accompagner les bouleversements qu'elle suscite, dans le but de préserver l'unité politique indispensable au maintien de la démocratie. Ce n'est pas un hasard si la démocratie et le marché avancent ensemble ! Le marché est le seul processus dynamique qui permette d'améliorer la vie des individus ; la démocratie est le seul système politique fluide qui permette de retranscrire les perturbations sociales en solutions politiques.

Mondialisation, numérisation, environnement

Notre société est aujourd'hui traversée par trois transformations profondes qui ont bouleversé les modèles économiques et dont nous ressentons pleinement les traductions politiques. Il importe d'en envisager le fonctionnement car ce sont elles qui sont à la source du regain d'intérêt actuel pour les inégalités.

La première de ces transformations, c'est la mondialisation, permise par la chute de la dictature communiste à l'est de l'Europe et l'intégration de la Chine de façon normalisée dans les échanges commerciaux. Depuis trente ans, le commerce international a connu une forte croissance, conduisant à un redimensionnement et une réorganisation des chaînes de production et d'approvisionnement. Il n'est probablement pas nécessaire de développer longtemps ce point, tant il est connu : ces bouleversements ont modifié les modèles économiques (dit de façon caricaturale : l'entreprise fait désormais bien plus appel à une chaîne de production internationalisée), accroissant la concurrence et conduisant à une modification des organisations managériales (le rôle et le nombre des ouvriers industriels ont changé) et apportant des conséquences sociales si prégnantes qu'il serait laborieux et inutile de les rappeler toutes (désindustrialisation et crises urbaines locales de sites dévitalisés, peur du déclassement, etc.).

Ces bouleversements ont suscité de nouvelles inégalités. L'internationalisation d'une partie du travail a contribué à ouvrir de nouvelles opportunités économiques pour ceux qui en profitaient, alors que, pour d'autres, les horizons demeuraient nationaux. Les salariés qui sont entrés dans une compétition mondiale ont rejoint un marché beaucoup plus large et très concurrentiel, marqué par l'internationalisation des formations, des processus de recrutement et des parcours de carrière ; ils ont pu intégrer des entreprises particulièrement florissantes. L'augmentation des inégalités dans les revenus du travail entre 1990 et 2020 aux États-Unis est ainsi majoritairement due à cette internationalisation du marché et à la croissance extrêmement forte d'un petit groupe de revenus. Elle pourrait donc n'être ni anormale ni illégitime. Pas anormale, car portée par les entreprises les plus inscrites dans les bouleversements économiques les plus novateurs et à ce titre nécessairement minoritaires ; ni illégitime, car relevant d'une logique de performance concurrentielle intense, les entreprises à succès ayant acquis leur position par leurs mérites. *A priori*, aucune honte à avoir.

Cela ne signifie pas pour autant qu'au niveau individuel les conséquences soient anodines. Dans leur livre *Morts de désespoir. L'avenir du capitalisme* (2021), les économistes Anne Case et Angus Deaton ont relevé des statistiques édifiantes : « Les salaires médians des hommes américains stagnent depuis un demi-siècle ; pour les hommes blancs n'ayant pas de master, le revenu médian a perdu 13 % de son pouvoir d'achat entre 1979 et 2017. Sur la même période, le revenu national par habitant a augmenté de 85 %. » « Depuis la fin de la Grande Récession, près de seize millions d'emplois ont été créés entre janvier 2010 et janvier 2019, mais moins de trois millions pour les non-titulaires d'un master. Seuls 55 000 emplois étaient destinés aux simples bacheliers. » C'est donc la déformation du travail au détriment des emplois peu qualifiés traditionnels qui a bouleversé la société américaine : « Supprimez le travail et, au bout du compte, la classe ouvrière ne peut survivre. Ce qui cause le désespoir, c'est la perte de sens, de dignité, de fierté et d'amour-propre qui accompagne l'affaiblissement du mariage ou l'absence de vie sociale, et pas seulement ou même avant la perte d'argent. »

L'autre transformation profonde que notre monde traverse, c'est la révolution numérique liée au déploiement d'Internet. Elle aussi bouleverse les modèles économiques : les entreprises, qui avaient commencé par numériser certains de leurs process (en utilisant l'informatique), les ont ensuite progressivement automatisés. Avec Internet, elles ont poussé plus loin encore, allant vers une « plateformisation » de leurs modèles : désormais, elles se pensent (et interviennent) comme des intermédiaires qui mettent en lien diverses offres avec des consommateurs qui souhaitent y avoir recours, souvent de façon fluide et temporaire (comme Amazon ou Google, pour en citer deux parmi les plus célèbres).

Cette transformation des modèles économiques a eu, elle aussi, des conséquences sur les modèles de management. Sans qu'il soit la norme, le modèle des plateformes conduit à un recours beaucoup plus souple aux ressources humaines. Non seulement les entreprises du Web travaillent différemment de celles qui les ont précédées et développent des cultures professionnelles propres, mais en plus une partie d'entre elles proposent de mobiliser des travailleurs de façon très flottante et souple. De multiples individus indépendants, offrant leurs compétences, interviennent désormais sur les marchés, à travers des sites qui constituent des portes vers des masses de clients potentiels, qu'il s'agisse de créer un site Internet ou de livrer une pizza.

Plus largement encore, le déploiement du numérique soulève des interrogations sur l'avenir du modèle même de l'entreprise. Le prix Nobel d'économie Ronald Coase a donné une explication théorique célèbre à l'existence de l'entreprise : elle permet d'éviter les coûts de transaction. Autrement dit, l'entreprise réunit en son sein des fonctions variées, au-delà de celle de produire, car c'est plus rationnel et moins coûteux. Dans une entreprise, il y a des comptables, des juristes, des spécialistes de la communication, des « ressources humaines » ou de la finance, etc., car les avoir au sein de la même entité est plus efficace que s'il fallait faire appel à des entreprises externes pour gérer tous ces besoins au quotidien. Avec le numérique, la possibilité d'externaliser une partie de ces fonctions s'est considérablement accrue : Internet permet de faire appel à une multitude de prestataires (et souvent des applications), qui traitent rapidement et à moindre coût des activités autrefois internalisées.

Cette transformation numérique s'est accompagnée également d'une modification des façons de travailler. Le monde économique l'a éprouvé avec la crise sanitaire du Covid et les confinements décidés à mesure que le virus se diffusait : le télétravail s'est généralisé et les équipes ont appris à travailler, en partie, à distance. D'abord temporaire et imposé par les faits, le phénomène s'est étendu et, désormais, de nombreuses entreprises permettent à leurs salariés de « télétravailler » ponctuellement mais de façon structurelle. La tendance est si forte qu'aux États-Unis les prix de l'immobilier d'un certain nombre de villes qui ne sont ni les plus grandes, ni les principaux centres économiques ont augmenté : les Américains urbains cherchent à organiser autrement leur vie professionnelle.

Plus encore, pour les travailleurs qui interviennent pour certaines plateformes comme le feraient des prestataires temporaires, parfois au demeurant faute de s'inscrire dans une perspective plus durable, il y a une nouvelle relation à l'entreprise, plus souple et moins affective qu'auparavant.

Cette transformation a également nourri des inégalités salariales. Claudia Goldin et Lawrence Katz ont relevé dans un livre de 2008 (*The Race between Education and Technology*) que le développement des nouvelles technologies conduisait à une plus grande valorisation relative des salariés les plus qualifiés, ce qui contribue à accroître les inégalités au sein du monde du travail. Erik Brynjolfsson et Andrew McAfee, deux spécialistes de la transformation numérique, écrivaient pour leur part dans un article pour *The Atlantic*, en 2011, que « grâce aux technologies numériques, les entrepreneurs, les PDG, les stars du spectacle et les cadres financiers ont pu exploiter leurs talents sur les marchés mondiaux et remporter des gains qui auraient été inimaginables auparavant ».

Daron Acemoglu, économiste mondialement reconnu, et Pascual Restrepo ont, pour leur part, montré dans un travail de recherche de 2022 que « entre 50 % et 70 % des changements intervenus dans la structure des salaires aux États-Unis au cours des quatre dernières décennies sont imputables à la baisse relative des salaires des groupes de travailleurs spécialisés dans les tâches routinières dans les industries qui connaissent une automatisation rapide ».

La crise sanitaire est venue accélérer une tendance qui s'observait déjà dans les entreprises, avec des façons nouvelles de gérer les équipes, matérialisées de façon physique dans l'organisation des bureaux : après les bureaux individuels et les « open spaces », voici venue l'heure du « *flex office* ». Pour faciliter la fluidité des équipes (mais aussi parce que la solution est plus rentable et permet de rappeler à chacun que personne n'est éternel ni irremplaçable), les entreprises mobilisent désormais des grands « plateaux » de travail (d'immenses étages qui peuvent être découpés de diverses façons) où elles déploient des bureaux dont aucun n'est attribué : les employés arrivent le matin, trouvent un espace de travail disponible qu'ils utilisent pour la journée et libèrent le soir.

Au-delà – et c'est ce qui retient le plus l'attention aujourd'hui –, les grandes plateformes font appel à des travailleurs, qui ne sont pas formellement leurs salariés, mais qui travaillent avec elles de façon temporaire. C'est le cas bien connu des livreurs qui s'inscrivent sur des applications qui les mettent en relation avec les clients : dans la plupart des cas (mais pas toujours), ils ne sont pas salariés des plateformes, même s'ils les utilisent à grande fréquence. Bien qu'un grand nombre de livreurs et chauffeurs y trouvent leur compte (flexibilité, compléments de revenus, etc.), le modèle fait débat et l'objet d'une attention politique très forte dans de nombreux pays, précisément sous l'angle des inégalités. Avec ces nouvelles activités, de nouveaux emplois qui n'existaient pas auparavant sont mis à disposition, qui sont aussi moins stables ou plus soumis à la concurrence. Ils sont souvent décrits comme précaires, mais peut-être aussi offrent-ils des activités temporaires et ponctuelles à des personnes qui autrement ne trouveraient pas de travail.

Toutes ces transformations suscitent de nombreuses préoccupations et de nouvelles questions qui ne sont pas toutes purement anecdotiques. Le développement du télétravail, par exemple, impose que les réseaux Internet soient robustes et de qualité sur l'ensemble du territoire : si les salariés se mettent à quitter durablement les grandes villes, leurs nouveaux lieux de résidence vont devoir s'adapter. Souvent, les salariés vivent dans une ville qu'ils estiment plus adéquate à leur projet de vie, mais se rendent néanmoins un ou deux jours dans leur entreprise dans un autre lieu plus ou moins lointain : si le mouvement prend de l'ampleur, quelles conséquences aura-t-il sur les infrastructures de transport ? Cet afflux de cadres à forts revenus suscite aussi des tensions sur les marchés locaux : comment faire pour loger tout le monde ? Quelle adaptation de l'offre de services ? Faut-il plus d'écoles et d'équipements sportifs ?

En somme, dans la continuité des éléments développés plus haut : la question numérique a soulevé une question sociale qui est devenue une question politique.

Cette dernière est d'autant plus prégnante qu'elle en rejoint une autre sur la puissance des (plus grandes) plateformes : sont-elles trop imposantes ? Dans quelle mesure peuvent-elles déterminer le jeu économique global et le façonner durablement à leur avantage ? Ont-elles la capacité d'influencer le fonctionnement démocratique ?

Ce sujet a surgi dans le débat public international à l'occasion de la campagne présidentielle américaine de 2015-2016 qui a conduit à l'élection de Donald Trump. Les réseaux sociaux ont été en particulier accusés d'avoir favorisé l'accession au pouvoir du candidat républicain honni d'une grande partie des opinions occidentales. Twitter et Facebook, notamment, ont fait l'objet d'une multitude de reproches : ils auraient facilité la circulation des « fausses nouvelles », contraint les internautes dans leurs fréquentations (on les a accusés d'entretenir des « chambres d'écho », l'internaute étant supposé ne pas être confronté à une diversité de points de vue), accentué la polarisation de l'opinion publique et accru ainsi les antagonismes. Qu'importe que les études conduites par les scientifiques n'aient pas toujours été parfaitement concluantes (des travaux ont par exemple montré que la télévision avait joué un rôle plus important dans la radicalisation des électeurs). Là n'était pas l'essentiel. Les géants du numérique semblent avoir eu du mal à le comprendre, mais les faits et les statistiques importaient peu en réalité, car le contexte présidentiel n'était qu'une forme de déclencheur : l'accusation à leur encontre était avant tout politique et fondée sur cette crainte historique, déjà mentionnée, que des opérateurs économiques puissent, par leur puissance même, exercer une influence indue sur le jeu démocratique. Dès lors, des mesures de régulation s'imposaient : le politique ne peut pas laisser contester sa souveraineté.

Il le peut d'autant moins qu'il doit par ailleurs gérer un troisième choc en ce début de XXIe siècle : celui de la transition environnementale, sur lequel il est probablement moins nécessaire de s'attarder tant il est inscrit dans l'ensemble des réflexions collectives et des esprits individuels. Résumé en quelques mots, il est abrupt : face aux risques que suscite le réchauffement climatique engendré par l'activité humaine sur la planète, il devient chaque jour plus urgent d'adapter les modes de consommation et de production pour maintenir un niveau de vie moins consommateur d'énergie carbonée. L'équation se résume en une alternative redoutable : pour réduire son « empreinte carbone », l'humanité a le choix entre laisser son niveau de vie se détériorer à travers une augmentation des coûts (ce qui se ferait au détriment des plus défavorisés) ou innover radicalement pour le maintenir sans nuire davantage à l'environnement. Dans un cas comme dans l'autre, la conciliation des pistes choisies avec des processus décisionnels lents n'est pas toujours évidente – mais c'est la seule susceptible de préserver les droits démocratiques.

Là aussi, les conséquences en chaîne de ce choc sont aisément visibles. Les options présentées imposent, quelles qu'elles soient, des évolutions économiques. Celles-ci ont à l'évidence des retombées sociales. Imaginons que le monde décide d'arrêter la production d'énergie fossile, ce choix stratégique emporterait non seulement des conséquences importantes pour ceux qui en produisent mais également pour l'ensemble des entreprises et institutions qui utilisent ces ressources dans leur mode de production. Ce changement entraînerait des réactions en chaîne : fermetures d'usines, affectant l'emploi, le dynamisme des zones géographiques concernées (moins d'emplois = moins de consommation = moins de commerce, etc.). Quant aux conséquences politiques des décisions environnementales, l'Europe en a déjà eu un premier aperçu avec les Gilets jaunes en France ou, à l'opposé du spectre, la multiplication des mouvements sporadiques de militants violents.

Bref, le détour a été un peu large, mais il montre qu'en ce début de XXIe siècle les sociétés occidentales sont confrontées à des chocs importants qui vont probablement accroître les situations d'inégalité. Ces évolutions sont compréhensibles, logiques et « normales ». Elles s'inscrivent dans le cadre de deux chocs de compétitivité (mondialisation, numérisation) qui accroissent la performance de l'économie et poussent la récompense de ceux qui sont le plus adaptés, et d'un autre choc, sur les coûts de production (la transition environnementale), qui impose une redistribution des chaînes de valeur.

Pour traverser les transitions qui se dessinent, il aurait été bien utile d'avoir un État efficace pour accompagner les victimes de ces changements rapides et brutaux. Or, en l'espèce, force est de reconnaître qu'il manque à ses obligations.

La déroute de l'État providence

Depuis la fin des années 1980, les États semblent dépassés par l'ampleur et la rapidité des trois chocs décrits ci-dessus. Ils sont à la peine et ne parviennent pas à remplir leur fonction d'accompagnement social, qui avait pourtant légitimé leur expansion au cours du XXe siècle.

Depuis le mitan de ce siècle et à l'issue de guerres dévastatrices, les États occidentaux avaient déployé des systèmes sociaux, permettant d'accompagner leurs citoyens dans les périodes de transition ou d'épreuves de leurs vies. Ils avaient également pour fonction de permettre à chacun de participer pleinement à la concurrence par les mérites, en assurant à tous l'accès à l'éducation et à la formation.

L'État se trouvait ainsi en charge du « bien-être » comme l'illustre son nom anglo-saxon de « *welfare state* ».

Le développement de ces structures sociales a certainement, comme on l'a expliqué plus haut, contribué à la croissance et à la cohésion de la société française. Progressivement, l'État s'est substitué à de nombreuses structures sociales décentralisées, locales et non coordonnées : il a remplacé les solidarités traditionnelles qu'étaient l'Église, le village ou le syndicat : à ces organisations horizontales qui maillaient la société, certes imparfaitement, s'est progressivement substituée une solidarité verticale, confrontant le citoyen directement à la machine publique et administrative.

En France, l'organisation a été très centralisée, portée par une vision fortement égalitariste, issue notamment de l'héritage du saint-simonisme technocratique : en se faisant ingénieur de la société, l'État avait pour ambition d'assurer une égalité de traitement, évitant les disparités d'application du droit (et des droits) sur les différents lieux de son territoire. Cette organisation avait pour corollaire la planification : dans cette vision, impossible de gérer des millions de parcours individuels sans prévision (la liberté étant associée au chaos). La centralisation et la planification sont inséparables de la redistribution française.

Ces mécanismes ont pu sembler adaptés à une époque industrielle dans laquelle les esprits les plus brillants de l'administration considéraient à tort que le monde avançait sur des lignes tracées et prévisibles. Ils se leurraient. Cette faille structurelle éclate avec d'autant plus d'évidence à l'époque d'Internet et de la mondialisation, des flux immédiats d'information et de biens, ainsi que des transformations rapides de l'économie.

Confrontés à ces changements, les gouvernements français successifs ont suivi une seule et unique voie : constatant que les besoins d'accompagnement se renforçaient, ils ont tous fait le choix d'accroître les moyens de la puissance publique – sans pour autant réfléchir au fait que les services rendus ne parvenaient visiblement pas au niveau utile. Au lieu de se demander si ces méthodes d'intervention étaient pertinentes, ils ont préféré la solution de facilité consistant à prétendre qu'en mettant plus d'argent dans les politiques considérées tout irait mieux. Malheureusement, ils auraient été probablement plus inspirés de s'interroger par moments sur l'efficacité des politiques qu'ils subventionnaient, car verser des sommes supplémentaires dans des solutions inefficaces n'a pas pour effet de les rendre performantes (mais plutôt de gaspiller l'argent des contribuables – ce qui s'est, effectivement, passé).

Pis encore, pour acheter la paix sociale, les gouvernements se sont empressés de faire pleuvoir les subventions et les aides : qui aux salariés, qui aux vieux industriels. Raghuram Rajan, ex-gouverneur de la Banque centrale indienne, a montré comment, outre-Atlantique, cette politique de réponse aux inégalités par l'interventionnisme public a contribué à engendrer la crise des « *subprimes* » : aux États-Unis, les institutions financières ont été encouragées par l'État à accorder des prêts à des ménages qui n'étaient pourtant pas solvables.

Les statistiques sont froides et peu sentimentales, mais elles peuvent être expressives. En l'espèce, les chiffres des finances publiques françaises sont éloquents : la dépense publique comme la dette publique n'ont cessé de croître au fil des dernières décennies. Cela a-t-il été efficace ?

À l'évidence, comme le début de ce chapitre l'a rappelé, on peut le contester sérieusement.

Cette situation est pour beaucoup dans la crise politique et sociale : dans un pays où les inégalités sont obsédantes et les situations sociales figées, elle indique clairement aux citoyens que l'État ne peut rien pour leur promettre une quelconque forme de mobilité sociale. Pis encore, elle a pour effet de renforcer notre mentalité égalitariste.

Le piège égalitariste

Cette inefficacité de la dépense publique a pour conséquence néfaste de figer la société de façon durable, renforçant par l'absurde les réflexes sclérosants.

Dans notre société où la dépense publique ne remplit pas (ou en tout cas pas assez) son rôle, les citoyens qui bénéficient d'une aide ou d'un avantage quelconque s'y accrochent. Ils n'ont pas tort, car ils savent que, s'ils perdent un peu du soutien dont ils bénéficient, il est peu probable qu'ils en retrouveront d'autres : d'un côté, le marché est bloqué et les voies de l'ascension sociale souffreteuses ; de l'autre, les finances publiques étant exsangues, la tendance est à la restriction des subsides.

Dans une société qui s'imagine ne plus croître et dans laquelle la politique officielle est de maintenir une égalité aussi forte que possible, tout subside supplémentaire est nécessairement gagné sur le dos d'un autre contribuable qui en perd le bénéfice. Personne n'est donc prêt à bouger.

À l'inverse, les revendications sont mal perçues car elles apparaissent spontanément comme une tentative d'accaparer une part plus grande du gâteau au détriment des convives déjà présents. Ceux qui sont à table ne sont évidemment pas ravis et, selon leurs préférences politiques, en viennent généralement à la conclusion qu'il faut soit réduire les parts les plus grandes, soit fermer la porte aux nouveaux venus comme on l'a vu. Ces dynamiques d'échec de l'État providence alimentent ainsi spontanément le populisme, anti-riches comme anti-immigrés.

Ces blocages expliquent qu'aucune réforme d'ampleur ne soit envisageable. Toute transformation ambitieuse faisant des victimes, celles-ci se mobilisent, convaincues non sans raison que, dans une société figée, il leur sera difficile de compenser leurs pertes. La société s'en retrouve d'autant plus bloquée, ce qui n'est pas sain dans un régime démocratique fondé sur le mouvement et la libre circulation.

En somme, la faillite de l'État providence n'a pas pour seul effet de susciter l'angoisse et d'alimenter le populisme, elle fige la société comme un bloc qui fonce de plus en plus vite vers un choc. Elle parvient à se trouver en contradiction avec la promesse de cette action sociale : si elle protège des aléas, elle n'offre pas de perspective, pas de promesse d'avenir suffisante. Or c'est là que se fonde la Nation.

Au nom de la lutte contre les inégalités, l'État a œuvré à bloquer les mouvements légitimes et spontanés de transformation de la société dans un même mouvement. L'échec était assuré. L'obsession égalitaire a ainsi figé la France et étouffé l'esprit de justice. Un comble.

7

La société de caste, de la naissance jusqu'à la mort

En 2007, un sociologue, Marco Oberti, a livré dans son livre *L'École dans la ville* son analyse de l'offre scolaire de la ville de Nanterre, préfecture des Hauts-de-Seine. À l'époque, la commune comptait près de 90 000 habitants (environ 100 000 aujourd'hui), dont 44 % âgés de moins de 30 ans d'après l'INSEE. Nanterre a une population plus populaire que d'autres villes de son département : en 2008, elle comptait par exemple 22,6 % d'employés, 10,5 % d'ouvriers et 12 % de cadres – des taux différents de ce que l'on observe dans les villes immédiatement voisines de Puteaux (respectivement, 17 %, 7 %, 25 %) ou Rueil-Malmaison (14 %, 5 %, 26 %). Une part importante de ses habitants vit dans des logements sociaux, qui représentaient en 2019 près de 53 % du parc immobilier. La ville est relativement segmentée, fragmentée notamment par des axes de transport (autoroute, RER, etc.) qui isolent les quartiers. Nanterre a également une population immigrée plus importante que d'autres communes : en 2018, environ 25 % de ses habitants, selon l'INSEE.

Politiquement, la ville est très marquée à gauche : elle est communiste depuis 1935 et son maire actuel, réélu en 2020, est le quatrième depuis cette date (les précédents ont eu des mandats respectifs de trente-trois, quinze et seize ans).

La commune compte aujourd'hui quatre écoles primaires privées : une catholique (avec une seule classe en maternelle, soit approximativement trente places pour une ville de 100 000 habitants), ainsi que deux musulmanes (dont l'une a été menacée de fermeture à la demande du ministère de l'Éducation nationale) et une Montessori (jusqu'à 6 ans) qui n'existaient pas quand a été publié le livre du sociologue. Nanterre compte également sept collèges, dont certains situés au cœur de quartiers réputés difficiles.

Dans son ouvrage, le sociologue réalise une étude pour documenter ce que les habitants de la ville savent bien et qu'on peut résumer de façon très caricaturale : quand arrive l'âge du collège, les bourgeois, de toutes les origines, fuient les établissements scolaires de la ville. La conclusion qu'en tire l'auteur est qu'il faudrait contraindre les choix scolaires de ces familles, pour renforcer la mixité sociale dans les établissements de Nanterre.

Cette douce aberration est révélatrice de bien des travers français.

D'abord, elle rappelle l'illusion selon laquelle l'égalité règne dans l'Éducation nationale : c'est évidemment un pur mensonge. Chacun sait qu'un collège dans un quartier difficile n'a pas du tout le même niveau qu'un autre en plein cœur des beaux quartiers de Paris – à telle enseigne que les prix de l'immobilier dans la capitale sont directement liés à la réputation des établissements scolaires : les parents choisissent leurs logements en fonction des écoles ! C'est tellement une évidence qu'à part quelques hurluberlus aucun des doctrinaires de l'élite n'envoie ses enfants étudier dans les quartiers difficiles : s'il faut accroître la mixité, c'est avec les enfants des autres.

Ensuite, elle rappelle que le fantasme de l'égalité réelle ne peut être réalisé que par la contrainte. Puisqu'elle ne parvient pas à convaincre spontanément les citoyens, la puissance publique devrait les obliger à changer de comportement. Dans une société libre, si les établissements étaient d'une qualité égale (comme on le prétend), les familles devraient être ravies d'y envoyer spontanément leurs enfants. Si elles ne le font pas, c'est probablement parce que la prétendue égalité de traitement et de résultat n'est qu'un mensonge.

Enfin, elle souligne un dysfonctionnement majeur de la société française : l'école, qui est supposée être un moteur clé de la méritocratie, ne remplit pas son rôle. Dans le panthéon républicain, elle est pourtant investie d'une lourde mission : l'imaginaire collectif regorge d'images d'Épinal dans lesquelles le vieux professeur de la IIIe République favorise, à force de dévouement, la réussite d'un élève qui, par son travail, triomphe de ses origines sociales modestes et se hisse au sommet de la société. Chacun connaît les représentations de ces « hussards noirs » de la République, selon la formule de Péguy, les blouses grises et les élèves en rang, prenant la dictée. Les imaginaires venus de Doisneau et de Pagnol se mêlent.

Passons sur ce que cette nostalgie surannée a d'illusoire (l'enseignement n'était, longtemps, pas ouvert aux masses) et de passéiste (les méthodes d'enseignement ne laissaient pas vraiment une grande part à l'épanouissement des élèves). Au XXIe siècle, notre système éducatif est très loin de s'inscrire dans l'héritage de cette promesse républicaine.

Mobile ou immobile ?

Les débats sur la mobilité sociale en France soulèvent de nombreuses questions, à commencer par la plus déterminante de toutes : celle de la méthodologie.

La mesure de la mobilité sociale n'est pas chose aisée – notamment parce qu'il est nécessaire de disposer de données sur les parcours des individus, qui doivent évidemment s'étaler dans le temps et être suffisamment fines pour être comparées entre générations.

Les économistes mesurent d'abord ce qu'ils appellent la « mobilité absolue », qui consiste à évaluer l'évolution des revenus des enfants par rapport à leurs parents. En l'espèce, les statistiques démontrent qu'au cours de la seconde moitié du XXe siècle la part des enfants gagnant plus que leurs géniteurs a baissé, passant de 90 à 60 % dans l'ensemble des pays développés. Ces résultats, en réalité, ne disent pas grand-chose de l'évolution des inégalités, car toutes les strates de la société peuvent avoir été affectées de la même façon (si, par exemple, la part des plus pauvres gagnant plus que leurs parents a baissé dans une proportion équivalente à celle des plus riches gagnant plus que leurs parents). Cette évolution s'explique en réalité par... la croissance : celle-ci ayant été plus faible, la dynamique des revenus l'a été aussi. L'enseignement à en tirer semble être une évidence : pour que les gens gagnent plus, il faut globalement que l'économie se porte bien.

Une autre façon de mesurer la mobilité est de considérer les évolutions entre les catégories socioprofessionnelles : autrement dit, quelles chances un enfant d'ouvrier a-t-il de devenir cadre, par exemple ? En la matière, l'OCDE montre qu'en France un enfant de cadre a deux fois plus de chances d'être cadre qu'un enfant d'ouvrier, ce qui se situe dans la moyenne de l'OCDE.

Les limites de cette approche sont que, si elle dit probablement beaucoup dans la façon dont la société apprécie les catégories socioprofessionnelles, en révélant celles auxquelles il serait bon d'accéder, elle n'en dit pas nécessairement assez sur les niveaux de vie. Après tout, il y a de fortes disparités de revenus au sein même des catégories.

Une dernière façon de mesurer la mobilité est de l'analyser en termes de revenus.

L'OCDE a essayé de le faire en 2018 et montré qu'en France il fallait « six générations pour grimper dans l'échelle des revenus », c'est-à-dire qu'il faut six générations pour que se résorbe l'écart de revenus entre une personne située en bas de la distribution et une personne située au niveau moyen. Cette analyse, originale et très largement commentée, était construite sur le fondement d'un travail de recherche académique : en modifiant ses hypothèses, certains chercheurs parviennent à réduire l'écart de six à quatre voire trois générations.

En 2022, l'INSEE a également tenté l'expérience, de façon plus fine et reposant sur des données, en liant les revenus des parents à ceux de leurs enfants de 28 ans. L'institut statistique parvient à la conclusion que « la mobilité intergénérationnelle est plus forte en France qu'aux États-Unis [...], mais moins forte que dans les pays nordiques, au Canada et en Suisse ».

Ce travail, unique en son genre, mérite qu'on s'y arrête un peu.

La première conclusion est que les enfants des familles aux plus hauts revenus ont trois fois plus de chances d'être, eux aussi, parmi les plus aisés. Les jeunes issus des familles les plus riches sont généralement situés plus haut dans l'échelle des revenus que leurs homologues issus des familles moins favorisées – mais moins souvent qu'aux États-Unis, par exemple.

La seconde est que les parcours varient fortement : ainsi, 12 % des jeunes issus des familles les plus modestes montent toute l'échelle des revenus, c'est-à-dire qu'ils se retrouvent, à 28 ans, parmi les 20 % les plus aisés (alors qu'un peu moins d'un tiers restent au même niveau que leurs parents dans l'échelle des revenus). Plus encore, la mobilité est double, à la fois ascendante et descendante : ainsi, 25 % des jeunes issus des familles les moins favorisées sont, à 28 ans, parmi les 40 % des revenus les plus élevés, alors que 25 % des enfants issus des familles les plus favorisées sont, à 28 ans, parmi les 40 % des revenus les plus faibles (et 15 % passent des 20 % les plus favorisés aux 20 % les moins favorisés).

L'INSEE relève ainsi que « les nombreuses situations de mobilité ascendante et de mobilité descendante montrent que le niveau de revenus des parents ne détermine pas à lui seul le niveau de revenu des enfants, qui dépend également de nombreux autres facteurs ».

Les facteurs qui favorisent la mobilité ascendante sont multiples. Certains sont liés aux parents. Le capital qu'ils détiennent est un premier élément déterminant : plus les revenus du patrimoine perçus par les parents sont élevés, plus la mobilité ascendante est probable. Le fait qu'ils soient mariés ou non en est un autre : être issu d'une famille monoparentale freine la mobilité ascendante et accroît le risque de mobilité descendante.

Leurs origines immigrées importent également de façon positive : la mobilité ascendante des enfants d'immigrés est de 15 %, contre 10 % pour les autres (elle n'est pas à sens unique : les risques de stabilité et de mobilité descendante sont également plus forts) ; mais il y a des différences entre les zones géographiques d'origine des parents (les enfants dont les parents sont originaires d'Asie parviennent à un niveau plus élevé de la hiérarchie des revenus que ceux dont les parents viennent d'Afrique du Nord ou d'Afrique subsaharienne). L'INED, l'institut national français qui étudie la démographie, confirmait d'ailleurs en 2022 ce résultat : « Ce sont les enfants d'immigrés qui accomplissent la distance la plus importante, en raison de la faiblesse du niveau scolaire initial : plus de 70 % obtiennent un diplôme plus élevé que celui de leurs parents. La marge de progression se réduit autour de 55 % quand l'un des parents n'a pas migré ou que la migration des ascendants est plus ancienne. »

Les jeunes dont les parents ont obtenu un diplôme du supérieur ou le baccalauréat jouissent également d'une plus forte mobilité ascendante (17 %, contre 10 % pour ceux dont les parents n'ont pas de diplôme), et plus encore s'ils sont d'origine immigrée. Cette importance du diplôme est déterminante, alors que la catégorie socioprofessionnelle des parents ne l'est pas : la mobilité est identique pour les enfants issus d'une même catégorie.

D'autres sont liés aux jeunes eux-mêmes : être un homme favorise la mobilité sociale ascendante, de façon très sensible (seules 8 filles sur 100 issues des 20 % les moins favorisés accèdent aux 20 % des revenus les plus favorisés entre 26 et 29 ans, contre 15 % des garçons, soit près du double). Au total, « les femmes ont près de deux fois moins de chances de réaliser une mobilité ascendante ».

Habiter en Île-de-France, en Bourgogne-Franche-Comté ou dans les Pays de la Loire à sa majorité est également un facteur favorable à la mobilité sociale, alors qu'à l'inverse celle-ci est plus faible pour ceux qui fêtent leur dix-huitième anniversaire dans les Hauts-de-France ou en Normandie. Le dynamisme et l'attractivité de l'Île-de-France sont tels que les chances de mobilité sociale sont assez homogènes à travers la région : « la mobilité ascendante est ainsi très proche en Seine-Saint-Denis et dans les Hauts-de-Seine », départements dont les compositions sociales diffèrent.

« À l'inverse, note l'INSEE, être une femme, avoir vécu dans une famille monoparentale, avoir des parents ouvriers ou employés, ou vivre dans les Hauts-de-France à sa majorité, sont des facteurs qui réduisent les chances de s'élever dans l'échelle des revenus. »

Aux États-Unis, les résultats sont encore différents. Ils ont été analysés par Anne Case et Angus Deaton, qui constatent qu'« il y a un avant et un après 1970, même si les dates varient un peu selon les événements. De la fin de la Seconde Guerre mondiale jusqu'à 1970, la croissance économique fut relativement rapide et ses fruits furent distribués de manière relativement équitable. La croissance était un ascenseur qui entraînait vers le haut des individus de tous niveaux d'études et de tous revenus. Après 1970, l'ascenseur est devenu deux ascenseurs : l'un, pour les instruits et les déjà aisés, qui allait plus vite qu'auparavant, et l'autre, pour les non-diplômés et les déjà moins aisés, qui a ralenti au point de ne presque plus monter. Avant

1970, il y avait croissance sans hausse des inégalités. Après, il y a eu une croissance moindre et une hausse des inégalités ».

Déterminisme social

L'OCDE le note avec clarté et sévérité : « Contrairement à ce qui est souvent affirmé, la France souffre non pas d'une trop faible redistribution, mais d'une inégalité des chances qui perpétue les situations économiques et sociales de génération en génération. » Elle est ainsi l'un des pays de l'Organisation où le déterminisme social, c'est-à-dire l'influence des origines sociales sur la réussite des individus, est le plus fort. En matière scolaire, les enquêtes internationales indiquent ainsi qu'en France « l'influence du milieu social sur les performances sociales est parmi les plus élevées des pays de l'OCDE ».

Ce déterminisme se manifeste, malheureusement, dès les plus petites classes : en 2022, le ministère de l'Éducation nationale notait que, « dès l'entrée en CP on observe des scores plus élevés pour les élèves issus d'une famille favorisée ou très favorisée, ceux qui entrent dans le secteur privé, ceux dont au moins l'un des parents dispose d'un diplôme du supérieur, ceux dont les parents sont nés en France, ou qui vivent dans un foyer où il y a au moins trente livres. [...] À l'opposé, les résultats sont nettement moins bons pour les élèves qui entrent dans une école appartenant à l'éducation prioritaire ou pour les élèves d'une famille défavorisée, approchée par la PCS des parents, leur diplôme ou le nombre de livres à la maison ».

Le déterminisme continue de jouer par la suite. En 2018, l'OCDE notait que près des deux tiers (68 %) des enfants dont les parents sont diplômés du supérieur obtiennent le même niveau d'études (ce qui est supérieur à la moyenne des pays de l'OCDE : 63 %), contre 17 % des enfants dont les parents ont des revenus faibles (ce qui est aussi supérieur à la moyenne de l'OCDE : 13 %).

L'économiste Stéphane Benveniste, qui a étudié récemment la question, a bien montré à quel point les élites françaises se reproduisent d'une génération à l'autre. Ses travaux indiquent ainsi que les enfants de diplômés de grandes écoles ne représentent qu'une part minime de la population française, mais

13 à 17 % des élèves qui ont intégré ces mêmes établissements au XXe siècle. Ils ont entre 72 et 154 fois plus de chances d'y être admis – et même 450 fois s'ils candidatent dans l'école de leur père. Autre exemple : un enfant d'énarque né entre 1971 et 1995 avait 330 fois plus de chances que le reste de la population d'intégrer lui-même l'ENA.

Les disparités territoriales sont également déterminantes : au XXe siècle, les Parisiens ont constitué en moyenne au moins un tiers des effectifs des grandes écoles – leur surreprésentation s'accentuant avec la « gentrification » de la capitale, allant jusqu'à atteindre aujourd'hui la moitié des élèves.

Cela ne signifie pas qu'il faille brûler les grandes écoles, ni que les jeunes qui y entrent n'aient pas le niveau. Ces chiffres n'indiquent pas non plus qu'un jeune issu de milieu rural et sans parent diplômé de ces beaux établissements ne puisse pas en intégrer un. Simplement, les principales voies de l'accès aux postes d'élite ne sont pas ouvertes à tous de la même façon en France.

Ce déterminisme est d'autant plus grave que la réussite à l'école et dans les études conditionne une bonne partie du parcours professionnel : une bonne scolarité favorise une meilleure entrée sur le marché du travail. Comme l'indique un livre coécrit par plusieurs économistes spécialistes, *La Machine à trier*, paru en 2011, la réglementation du marché du travail est telle, en France, que celui-ci est extrêmement peu fluide. Cette rigidité du marché a pour effet que les employeurs cherchent à minimiser les risques d'erreur quand ils embauchent : puisque licencier risque d'être très coûteux, ils préfèrent être très sélectifs dans le choix des candidats. Le diplôme scolaire est à ce titre un marqueur particulièrement utile qui, parmi d'autres, facilite le recrutement : le diplôme est un signe de reconnaissance sociale. Les voies les plus sélectives sont dès lors privilégiées par les familles, comme les meilleurs parcours scolaires pour y arriver. Ce phénomène n'est pas strictement français : selon l'Américain Brian Kaplan dans *The Case Against Education* (2018), la réelle valeur des formations académiques réside dans cette reconnaissance sociale ; mais les conséquences en sont d'autant plus sensibles chez nous que les règles du marché sont contraignantes et biaisent sa souplesse.

Ce mécanisme de sélection explique probablement l'inflation des exigences scolaires – non pas tant en termes de niveau (plusieurs indices et études relèvent que celui-ci a tendance à baisser), mais de signaux qui vont permettre aux élèves de se distinguer et d'être reconnus comme des candidats potentiels pertinents. La France égalitariste connaît donc une compétition féroce pour accéder aux lycées les plus prestigieux – voire, avant cela, aux collèges –, supposés garantir l'accès aux élites. Dans cette compétition de sélection des enfants, une tendance récente est désormais aussi d'inscrire ses enfants, dès les plus petites classes, dans des établissements bilingues, de sorte qu'ils maîtrisent l'anglais.

Plus tard, ces élites ont recours à d'autres stratégies pour assurer au mieux la réussite de leur progéniture. L'une d'elles est, depuis quelques années, de réaliser des études à l'étranger, pour au moins deux raisons : premièrement, parce que ces séjours hors de France sont la meilleure façon de s'inscrire dans une élite académique internationale (quiconque a étudié aux États-Unis sait la joie intellectuelle qu'il y a à y travailler avec des intelligences issues, littéralement, du monde entier) ; deuxièmement, parce que ce sont des voies souvent plus appropriées pour des jeunes qui ne sont pas parfaitement faits pour s'épanouir dans l'aridité des parcours d'excellence français. Expliquons-nous : pour accéder à l'élite en France, il faut passer par une poignée de grandes écoles très sélectives qui ont la particularité de recruter des profils très scolaires : leur objectif est de préparer les élèves selon des processus bien établis à des concours très exigeants ; innover, travailler en équipe et se distinguer de la masse ne sont pas des qualités spontanément valorisées. Pour les jeunes qui ne s'épanouissent pas dans ces formations très cadrées, l'université devrait être l'option naturelle : or ce n'est plus exactement le cas. À tort parfois, mais souvent aussi à raison, ces établissements – à l'exception de quelques cas – ont perdu de leur prestige et de leur attractivité. Les familles craignent que leurs enfants n'y échouent, à la fois à la façon d'un débris porté par les flots marins et en termes de résultats. De plus en plus, les plus favorisés font donc le choix des écoles privées d'enseignement supérieur ou des études à l'étranger.

Les établissements d'enseignement supérieur privés rencontrent ainsi un formidable succès. Leurs effectifs ont crû de près de 60 % depuis 2007… contre 4 % dans le public. Dans une note de 2020, les services statistiques du ministère de l'Éducation nationale indiquaient par exemple que, depuis vingt ans, les inscriptions dans le privé ont doublé, alors qu'elles n'augmentaient que de 15 % dans le public. Depuis 1998 et à l'exception de l'année 2014, le rythme de croissance des inscriptions dans l'enseignement privé a toujours été supérieur à celui observé dans le public. En 2021, actualisant ces chiffres, le ministère a choisi des échéances plus proches qui aboutissent à réduire l'ampleur des statistiques, celles-ci n'en demeurant pas moins très claires : depuis 2010, les inscriptions dans le privé ont crû de 38 %, contre 17 % dans le public.

Mais ce n'est pas tout. Comme les étudiants et leurs familles ne croient plus depuis longtemps aux fables, ils ont pris la décision de déserter une grande partie des filières universitaires – d'autant qu'ils ont l'impression que les élites s'en échappent déjà. De plus en plus de lycéens quittent la France après leur bac pour trouver des formations mieux adaptées.

Il y a quelques années, j'ai eu la chance de rencontrer certains des plus grands esprits universitaires français, aux opinions diverses, qui s'intéressaient de près à la question de la réforme de l'université, dans le cadre d'un rapport produit pour un *think tank* libéral français. L'un d'eux rapportait avoir été consulté par le fils d'un ami, brillant élève. Celui-ci hésitait à s'inscrire en classe préparatoire ou à rejoindre une université italienne : la Bocconi à Milan, excellent établissement de rang mondial. Le professeur lui a évidemment recommandé… la seconde option : dans la première, le jeune homme prenait le risque d'abord de ne pas se plaire en classe « prépa », qui propose une méthode d'enseignement efficace pour les uns mais trop traditionnelle pour d'autres ; ensuite, il pouvait échouer au concours (un concours reste un concours). À l'inverse, en s'inscrivant à la Bocconi, il rejoignait un établissement reconnu internationalement, lui offrant des formations plus souples, des méthodologies plus diverses, sans s'interdire de poursuivre son cursus par la suite dans d'autres établissements internationaux (y compris, d'ailleurs, dans ceux auxquels le concours lui aurait donné accès en France).

Quelques rares statistiques confirment cela. L'École alsacienne, située au cœur de l'un des plus beaux quartiers de Paris, est un établissement d'excellence – au cœur de la formation des enfants issus de l'élite. La presse publie régulièrement des articles sur cette école par laquelle sont passées des générations de dirigeants, où se retrouvent aujourd'hui leurs enfants et ceux de personnalités médiatiques. Tant mieux pour eux ! Il ne s'agit nullement de leur jeter la pierre : chacun cherche à offrir à ses enfants ce qu'il juge le meilleur. L'École alsacienne a cette autre particularité de publier des statistiques sur le devenir de ses élèves. Celles-ci sont incroyablement éclairantes. En 2012, 14 % des bacheliers de ce prestigieux établissement partaient étudier à l'étranger. En 2020, cette proportion atteignait 36 % des effectifs. À l'inverse, en 2012, 44 % allaient à l'université ; en 2020, ils n'étaient plus que 26 %.

D'autres chiffres appuient ce constat. Par exemple, le nombre de bacheliers français qui partent au Québec pour réaliser leurs études a été multiplié environ par deux entre 2009 et 2016 ; le nombre de ceux qui vont au Royaume-Uni (et s'inscrivent sur la plateforme UCAS de recrutement) a suivi la même progression. En Suisse, l'excellente École polytechnique de Lausanne, qui est un succès international de l'enseignement supérieur, compte environ 40 % d'étudiants français.

Ce sont des illustrations, des « signaux faibles », parmi d'autres, d'un phénomène qui se dessine de plus en plus clairement : les familles quittent le pays pour former leurs enfants.

Bien sûr, ces mouvements s'inscrivent dans une tendance à l'internationalisation de l'enseignement supérieur et reflètent celle des élites – et il faut s'en féliciter. Mais ils montrent aussi par contraste la chute d'attractivité de l'université française (qui, dans le même temps, peine à attirer des étudiants étrangers au plus haut niveau).

Qui reprochera à ceux qui le peuvent de choisir pour leurs enfants ce qu'ils considèrent être la meilleure option ? C'est une réaction légitime, partagée par tous les parents. D'ailleurs, ce n'est pas tout à fait un hasard si les enfants d'enseignants réussissent mieux dans le système scolaire ! Leurs parents ont la même stratégie que les plus riches : ils leur transmettent leur capital culturel et les aident à progresser dans ce milieu.

La reproduction ne tient à cet égard pas qu'à l'argent. Les indicateurs de réussite montrent que les élèves qui réussissent le mieux ont des parents qui relèvent de deux catégories socioprofessionnelles : ceux que, pour caricaturer, on appellera les « gosses de riches » (issus de familles CSP+, c'est-à-dire des « bourgeois ») et, plus souvent encore, des « enfants de profs » (ceux dont les parents sont enseignants). Comment l'expliquer ? De façon simple, parce que toutes ces familles ont un même objectif : aider leurs enfants à progresser dans le milieu scolaire grâce à leurs atouts. Leur point commun est ainsi de détenir du capital : capital financier pour les uns (ils ont les moyens d'offrir un accompagnement supplémentaire ou de payer des écoles privées sélectives et souvent coûteuses), mais surtout capital intellectuel, culturel. Les enfants de ces milieux ont des parents qui connaissent le monde scolaire, les trucs et astuces pour apprendre et réussir. Autrement dit, les premiers ont les ressources pour compenser les défauts du système éducatif et offrir à leurs enfants l'accès à des loisirs et lieux culturels (musées, théâtre, etc.) ; les seconds ont les ressources intellectuelles pour le faire, en formant leurs enfants à ce que l'Éducation nationale attend d'eux (qui est d'ailleurs généralement d'un conformisme absolu) ou en leur donnant les clés pour évoluer dans ce monde secret.

Le propos de ce livre n'est pas de jeter la pierre aux parents. Qui souhaite à ses enfants un avenir plus contraint ou moins favorable que le sien ? Le problème n'est pas là. Il est dans la capacité du système éducatif à offrir des parcours de réussite à ceux qui ne sont pas issus de l'élite. Le prix Nobel Jean Tirole, qui rappelle que « l'inégalité éducative en France est forte à tous les stades (école maternelle et primaire, lycée et enseignement professionnel ; enseignement supérieur) », décrit ainsi notre système éducatif comme un « gigantesque délit d'initié », dans lequel seuls les élèves des milieux favorisés (ou leurs parents) ont une bonne perception des coûts et bénéfices de l'investissement scolaire, d'une part, et des filières qui permettent de tirer son épingle du jeu d'autre part.

Autre caractéristique du système français : les élites ont reçu des formations relativement homogènes (raison de plus pour se féliciter de l'accélération de leur internationalisation).

Un rapport de la Commission européenne notait en 2015 que « l'une des caractéristiques du système français est que la majeure partie de l'élite de la nation, tant dans le secteur public que dans le secteur privé, est diplômée soit de l'une des vingt grandes écoles les plus sélectives d'ingénieurs, de commerce, d'administration ou actives dans la recherche, soit d'une des écoles normales supérieures, spécialisées en sciences fondamentales ou en sciences humaines et sociales. Cette situation met à très rude épreuve les universités publiques, qui sont tenues de proposer des licences qui répondent aux besoins d'une population étudiante très diversifiée ».

À titre d'exemple, à l'été 2020, sur les 40 PDG des entreprises françaises les plus valorisées, seuls 5 avaient suivi leur formation principale à l'université, leurs homologues étant passés par HEC, l'ENA et Polytechnique (dans cet ordre). À l'inverse, à la même époque, 16 des patrons des 50 plus grandes entreprises allemandes et 10 de leurs équivalents suisses avaient un doctorat universitaire (contre 4 sur les 50 plus grandes en France).

Cette uniformité, laissant à l'écart le monde universitaire, se vérifie dans le monde politique. À l'exception de Nicolas Sarkozy (formé, cela dit, à Sciences Po), les neuf présidents de la Ve République sont diplômés d'une « grande école » (dont une militaire, dans le cas de Charles de Gaulle – et en incluant Alain Poher, deux fois président par intérim). Luc Rouban, sociologue de Sciences Po, a étudié les entourages des décideurs politiques : dans un article consacré aux conseillers de l'exécutif, il constate que la majorité des conseillers du président de la République sont diplômés d'au moins une grande école, alors que la plupart des conseillers des Premiers ministres sont passés par l'ENA, Polytechnique ou Sciences Po.

À côté de ces parcours brillants, le drame éducatif français est de laisser trop de jeunes sur le carreau : en 2022, la France comptait près d'un million de jeunes de 16 à 25 ans que les statistiques appellent sobrement des « NEET », c'est-à-dire qui ne sont ni en études, ni en emploi, ni en formation (« *Not in Education, Employment or Training* »). Un million !

La fable égalitaire est, là aussi, à l'origine de cet échec catastrophique. Parce que nous refusons toute forme de différenciation dans les politiques, en la dénonçant comme une inégalité qui rétablirait l'Ancien Régime, nous interdisons toute forme de stimulation entre les institutions publiques et empêchons toute forme d'adaptation des méthodes et accompagnements selon les publics. L'autonomie des établissements est à un niveau d'indigence absolu.

Ces constats ne sont pas de bonnes nouvelles pour notre avenir économique et démocratique. D'un point de vue économique, il est affligeant que nous ne soyons pas en mesure de permettre à tous les talents de se déployer et, tout autant, que nous laissions sans réagir d'autres partir à l'étranger parce que nos établissements n'ont pas su évoluer. Mais le plus inquiétant est d'ordre démocratique. Comment peut-on considérer qu'il serait sain que les élites fuient le système scolaire « normal », lequel n'accueillerait plus en somme que les enfants des classes moyennes tout en étant dans l'incapacité de leur offrir vraiment un avenir meilleur ?

Reste à ta place

Un autre écueil de la politique contre les inégalités est qu'elle a pour résultat d'assigner les individus.

Une anecdote. J'ai longtemps eu la joie de m'occuper d'une association, que j'avais contribué à créer, dont l'ambition était d'accompagner des jeunes élèves de divers lycées « ZEP » d'Île-de-France dans leur préparation au concours de Sciences Po, cette grande école leur proposant une voie de sélection exigeante et spécifique. L'association a été une formidable réussite, si l'on considère que chaque année environ 20 à 30 % de ses candidats ont été admis dans l'établissement, d'abord et essentiellement grâce à leur formidable talent, mais peut-être également un peu grâce à l'accompagnement qu'elle proposait (et continue de proposer, d'autres ayant pris la suite) : de l'orientation, des sorties culturelles, un étudiant « parrain » pour chaque lycéen et des entraînements au concours. Pour se présenter aux lycéens, les responsables de l'association se rendaient en début d'année dans les divers établissements partenaires. Ce que je fis souvent et notamment dans un lycée réputé difficile (et qui le reste quinze ans après), lequel, à la différence d'autres inscrits dans le dispositif, n'avait quasiment jamais aucun élève admis à Sciences Po.

Ce lycée, contrairement à d'autres, accueillait une population d'élèves plutôt homogène : issue de milieux sociaux modestes voire défavorisés, et essentiellement d'une immigration africaine, maghrébine ou subsaharienne récente (autrement dit, il était rare que les parents d'élèves soient passés par le système d'enseignement éducatif ou supérieur français : ils n'en avaient qu'une connaissance extérieure). Les enseignants jouaient donc un rôle particulièrement important. Or, en la matière, ce lycée accueillait un personnage, enseignant connu des plateaux de télévision pour son militantisme très marqué, considérant en somme que la menace fasciste commence dès le Parti socialiste sur l'échiquier politique français. Cet enseignant assumait dans l'établissement diverses fonctions, dont celle d'être professeur principal, notamment de Jamila, jeune lycéenne que j'accompagnais en cette année 2012, en plein cœur de la crise économique. En début d'année, l'enseignant avait interrogé les élèves sur leurs projets d'avenir. Jamila, ayant regardé une émission d'économie grand public sur une chaîne de télévision un dimanche soir, répondit qu'elle souhaitait devenir avocate fiscaliste (« parce qu'ils continuent de gagner beaucoup d'argent même pendant la crise », m'expliqua-t-elle, non sans logique, elle dont les parents n'étaient pas français et travaillaient dans des emplois pas ou peu qualifiés et physiquement difficiles). Indignation du professeur : « C'est se mettre au service des riches ! » et, pis encore : « C'est trahir tes origines » (marocaines en l'espèce).

Jamila était venue ensuite interroger l'association pour savoir si elle devait croire son enseignant. Notre seule réponse fut de lui conseiller de travailler avec détermination pour faire ce qu'elle – et personne d'autre à sa place – choisirait. Elle a depuis fait du droit à l'université de Nanterre puis à Assas et travaille depuis cinq ans dans une grande banque française.

Autre exemple issu du même établissement, une autre année. Octobre, réunion de rentrée de l'association. J'en présente les activités. En fin de session, j'interroge les deux jeunes enseignants présents, formidables de dévouement et de dynamisme (qui finiraient par démissionner rapidement de l'Éducation nationale, tant ils se lasseraient de ses dysfonctionnements), à propos d'un lycéen, visiblement intéressé mais resté à l'écart de ses camarades. Les deux, pourtant usuellement très positifs, me disent leur étonnement car, si le garçon est plutôt gentil, il est beaucoup trop peu structuré et absolument pas au niveau du point de vue scolaire. Ils doutaient même qu'il puisse obtenir son bac (STG). Qu'à cela ne tienne, nous convenons que, s'il est venu à cette session supplémentaire, non prévue dans son emploi du temps, c'est probablement qu'il y a quelque motivation à développer. Je me propose donc de devenir le « parrain » de Samir et lui donne rendez-vous un mercredi après-midi dans Paris pour faire connaissance et comprendre son projet. Malheureusement, il ne vient pas. Finalement, il se présente à notre troisième rendez-vous, mais arrive épuisé, en ce début de soirée d'hiver. Il n'est pourtant que 18 h 30 maximum. Ayant eu un peu d'expérience avec d'autres promotions précédentes, je l'interroge sur sa « journée type ». Il me l'explique : « Je vais au lycée, je rentre, je goûte, je me couche très tôt, puis vers 5 ou 6 heures du matin je me réveille, je fais mes devoirs, puis je joue à la console et je vais au lycée… » Ses parents laissent faire. L'année de terminale que nous avons passée ensemble a d'abord été fondée sur l'apprentissage d'une méthode de travail : comment organiser sa journée, ses révisions, pour se mettre dans les meilleures dispositions pour apprendre. Progressivement, Samir a révélé ce que nous avions perçu : une grande détermination et un certain talent. Il n'a pas été admis à Sciences Po, la marche était trop haute, mais il a obtenu son bac, avec mention.

Un soir d'automne suivant son entrée à l'université, nous avons à nouveau rendez-vous. Il arrive à l'heure portant sous le bras un gros ouvrage (vraiment gros), qu'il pose avec énergie sur la table. Je l'interroge du regard. Il réplique plein d'enthousiasme : « Tu connais ? C'est *La Guerre du Péloponnèse*. C'est génial ! » Il a depuis fait du droit – dont une partie au Royaume-Uni – et est consultant spécialisé dans les problématiques de « *data protection* ».

Il faut savoir rester modeste : Samir comme Jamila étaient deux lycéens pleins de talent et d'énergie. Notre association s'est contentée de contribuer à produire un déclic essentiel : leur donner la conviction qu'eux aussi pouvaient réussir et qu'avec du travail le succès leur était accessible, alors même qu'ils commençaient dans la vie avec une série de désavantages, dont l'un des premiers était qu'ils avaient été assignés à un établissement de seconde zone, aux réussites rares, abandonné de l'administration et gangrené par un groupuscule d'enseignants ayant décidé d'en faire un bastion de leur lutte idéologique plutôt qu'un lieu de transmission du savoir.

Il est faux de prétendre que nos lycées se valent : l'égalité est non seulement un leurre en matière éducative, mais c'est un mensonge coupable et hypocrite. Hypocrite parce qu'il conduit des jeunes à se heurter à des voies où personne ne se soucie vraiment de leur réussite (ou, quand c'est le cas, qui rencontrent tant de barrières que leur réussite en devient improbable). Coupable, parce que ceux qui entretiennent cette idéologie égalitaire s'arrangent pour que ni eux ni leurs propres enfants n'en subissent les risques.

Dans un système scolaire plus juste, les enfants de tous les milieux devraient avoir de meilleures chances de réussite. Dans le nôtre, le système envoie les jeunes dans l'établissement proche de chez eux, par décision administrative centralisée, guidée par l'impératif de planification des effectifs, même si cette école ne leur correspond pas (tous les élèves ne sont pas faits pour apprendre avec les mêmes méthodes d'apprentissage) et même si elle est une catastrophe connue. Dès lors, les seuls qui peuvent échapper à cette condamnation sont soit ceux qui peuvent payer, ou ceux qui ont les codes. Nous avons bâti ce système injuste.

Cette injustice se retrouve ensuite dans l'enseignement supérieur. En la matière, l'idéologie égalitaire a également consisté à prétendre que toutes les universités se valent. Dans ce secteur, toutefois, la contrainte étatique est historiquement plus faible : les étudiants, qui ne croient pas à la fable selon laquelle obtenir une licence d'une sombre université ou d'une prestigieuse fac parisienne est de valeur égale, ont fui depuis longtemps. Ils ont en la matière une grande facilité puisque l'offre privée abonde.

Un sujet qui n'intéresse personne

Les études s'accumulent, les rapports et ouvrages aussi. Pourtant, dans l'ensemble, rien ne bouge. Pourquoi ? Les plus brillants de nos économistes apportent une explication simple, mais cruelle : les élites économiques et politiques ne s'intéressent pas aux questions d'éducation car elles ne se sentent pas concernées. À double titre : d'abord, parce qu'elles n'envoient pas leurs enfants dans la partie défaillante du système. Qu'il y ait des problèmes dans le reste du système ne les affecte donc pas personnellement. Ensuite, parce qu'elles-mêmes ne sont souvent pas passées par ces formations en déclin.

De façon anecdotique mais révélatrice, cette distance s'illustre aussi… dans les pages nécrologiques. Régulièrement, faisant part de leur douleur à l'occasion de la mort d'un proche dans son grand âge, les familles semblent considérer pertinent de rappeler… les diplômes (de grandes écoles généralement) que le disparu a obtenus dans sa jeunesse. Comme s'il s'agissait de titres de noblesse qui se conservent à vie parce qu'ils déterminent le rang et la préséance dans la société. Comme si les études faites à 20 ans vous définissaient encore au moment de votre mort !

Ces familles ne sont pas les seules : on pourrait multiplier les anecdotes. C'est ce grand quotidien français qui conduit l'interview d'une personnalité de 80 ans, et commence (commence !) le chapeau par une présentation rédigée de cette façon « Ancien élève de l'École polytechnique » ; comme si sa vie n'avait pas été plus caractéristique de sa personnalité ; comme si cette validation académique et sociale qu'on a obtenue à un moment comptait plus que ce qu'il a fait depuis.

Encore une illustration ? Cet homme, grand serviteur de l'État, qui s'offusque des critiques faites sur les compétences en management d'un dirigeant d'entreprise en objectant : « Il est issu du Conseil d'État, tout de même. » Comme si cette appartenance à une institution juridique, quittée il y a des décennies pour rejoindre le secteur privé, prédisposait spontanément à la performance dans tous les domaines. C'est également cet autre haut fonctionnaire qui, rencontrant un homologue, se présente et fait référence à son parcours en indiquant avoir changé de poste à « ENA + 12 », comme si sa sortie de l'école de formation des fonctionnaires avait été sa réelle naissance au monde. Ce sont enfin ces derniers hauts fonctionnaires qui, en réunion dans un parti politique qu'ils servent en même temps qu'ils sont en poste dans l'administration (sans que cela interroge sur leurs obligations de neutralité), ne plaisantent que partiellement lorsqu'ils organisent le placement autour de la table de réunion, au plus près du chef et leader charismatique, en fonction de leur rang de sortie à l'ENA des années auparavant.

Finalement, les élites françaises se renouvellent elles-mêmes, sans grande mobilité, et se recrutent dans un univers assez limité. Leur intérêt pour les problèmes scolaires en ressort très restreint.

L'hypocrisie consiste à y voir le fait du marché, de l'économie capitaliste. L'analyse est doublement erronée : d'abord, le capitalisme valorise la mobilité et la concurrence, ce qui est profondément antinomique avec la vision d'une société stable promue par l'idéologie égalitaire ; ensuite, notre société déterministe est au contraire le fruit de notre passion pour l'égalité qui conduit à des solutions rigides, piégeant les plus défavorisés et amenant les plus favorisés à s'en détourner. La solution égalitariste consiste à les dénoncer et recommander de leur interdire le libre choix des parcours de réussite, ce qui est une absurdité et une lâcheté : ce n'est pas en généralisant les obstacles qu'on améliorera le sort de la société française, mais en ayant le courage de réformer.

Sous couvert d'égalité, les castes d'Ancien Régime se maintiennent. En somme, notre fable égalitaire nourrit une profonde injustice et elle prépare la révolution antidémocratique. Un comble.

8

La guerre des miettes : conséquences politiques d'une société comprimée

L'idéologie égalitaire conduit à des résultats concrets à l'inverse de ce qu'elle prétend défendre : alors qu'elle promet toujours plus d'égalité, elle produit toujours plus d'injustice.

Les conséquences politiques et sociales qui en résultent sont particulièrement néfastes. Elles nourrissent frustration et défiance.

Le sentiment d'une frustration injuste

Gilets jaunes, Tea Party, Brexit et autres mouvements de colère récents de diverses origines ont manifesté, dans les démocraties occidentales, des sentiments variés.

Toutefois, de façon générale, s'exprime à travers eux un sentiment commun que « le jeu est pipé » : le « système » ne profiterait qu'à quelques-uns. Les complotistes de tous poils l'ont bien saisi et font prospérer leurs idées les plus loufoques sur ce terreau fertile.

S'est ainsi propagée dans un grand nombre de pays une crise sociale qui repose sur l'idée vague d'une partie de la population qu'il n'est plus possible de réussir par son travail car certains tricheraient. Au fond, une part croissante des citoyens a l'impression que le contrôle de leur vie leur échappe quand d'autres sont préservés.

Pour certains, les accusés sont les « élites », qui s'organiseraient pour échapper aux règles que doivent subir les communs des mortels, qu'elles soient d'ordre administratif ou économique. Pour d'autres, ce sont les immigrés qui sont en cause. Aux uns comme aux autres on reproche de se mettre hors de la communauté nationale et ainsi, non seulement de tenter d'échapper à leur juste part de contribution collective, mais aussi de le faire au détriment du reste de la population, nécessairement honnête et sincère dans ses démarches.

À cette colère sourde s'en ajoute une autre : une demande de reconnaissance.

Aux États-Unis, un *hillbilly* est un membre de la classe ouvrière blanche, concentrée dans la *rust belt*, cette région industrielle sinistrée qui s'étend de la Pennsylvanie à l'Ohio en passant par le Kentucky. Dans ce territoire abandonné de la croissance, où la misère rivalise avec la désespérance, tout semble être un désastre social : drogue, décomposition familiale, chômage.

James D. Vance a consacré en 2017 un livre à cette zone géographique et cette population, dont il est issu – alors qu'il était un financier à succès et pas encore un sénateur américain. Il y décrit aussi la transformation politique qui a conduit la région du militantisme pour le New Deal rooseveltien au vote pour Donald Trump. Dans ces zones abandonnées, les électeurs n'attendent plus grand-chose de l'action politique ; mais ils veulent que leurs élus leur témoignent ce dont ils s'estiment privés : de la reconnaissance.

À écouter les débats publics – et sans leur donner nécessairement raison –, une partie des électeurs en colère estiment que leur réalité est niée (voire méprisée) par des élites qui ne semblent pas exprimer la moindre compréhension de leurs problèmes.

Le phénomène a pu s'observer en France à travers deux illustrations récentes.

En 2018, une enseigne de grande distribution française a mis en vente des pots d'une pâte à tartiner particulièrement appréciée du grand public, en proposant une promotion importante. Dans quelques supermarchés, cette offre a suscité la cohue. Dans les commentaires, outre l'incompréhension, une forme de mépris de classe a pointé : pourquoi diable ces pauvres se précipitaient-ils sur un produit si banal ? Ces réactions méprisantes révélaient une méconnaissance totale de ce qu'est la réalité sociale de gens pour qui ce produit est un « petit plaisir », voire, compte tenu de son prix, un « luxe » abordable, qui a la particularité d'apporter de la joie dans les consommations des enfants.

Autre exemple. En 2017, le gouvernement avait décidé de réformer les APL, des subventions versées aux locataires pour faciliter l'accès à un logement, en les baissant de 5 euros. Sur le fond théorique, cette décision semblait justifiée : les analyses s'accordent pour considérer que ces aides peinent à atteindre leur but – voire qu'elles ont un effet inflationniste contraire à leur objectif. À l'époque, les défenseurs du gouvernement ont voulu justifier la mesure en expliquant que le montant concerné était insignifiant. Quelle erreur ! Rapidement, les députés d'extrême gauche ont réagi en apportant dans l'hémicycle un sachet de courses alimentaires, montrant tout ce qui peut être acquis d'essentiel pour 5 euros. La démonstration était une opération de communication facile, mais elle illustrait de façon pratique la méconnaissance que les gouvernants semblent avoir des réalités sociales. Il suffit d'aller dans le supermarché d'un quartier populaire ou d'une zone rurale pour voir les clients vérifier les prix au centime près et comparer ceux qui sont affichés en magasin avec ceux qui sont portés sur les catalogues.

Ces deux épisodes ne sont pas que des anecdotes : ils sont révélateurs du fait que les gouvernants paraissent ignorer totalement la vie quotidienne d'une grande partie des électeurs et citoyens. Ceux-ci, en réaction et non sans raison, se sentent dès lors ignorés et méprisés.

Leur demande de reconnaissance s'exprime en matière économique. Les classes moyennes comme les plus défavorisées demandent qu'on les traite avec dignité, jusque dans leurs difficultés. Elles se révoltent contre l'État providence et ses élites, qui n'ont cessé de les considérer avec un paternalisme condescendant, refusant par leur assistanat de les traiter en adultes.

Elles s'indignent de la fiscalisation excessive de leur activité, qui leur apparaît comme une négation de leurs efforts, un refus de reconnaître leur attachement au travail – qu'elles ne veulent pas voir disparaître dans les transformations radicales qu'elles subissent ou qu'on leur décrit. La reconnaissance est ainsi notamment la revendication politique des « perdants » (réels ou putatifs) des mutations de notre monde et des victimes de l'échec de l'État providence.

Cette revendication s'exprime aussi en matière culturelle et sociétale : de larges franges des peuples occidentaux demandent que leurs « valeurs », qu'elles croient menacées, soient reconnues. Face aux élites, expliquant parfois que leur unique mode d'appréhension du monde est la seule voie du progrès éclairé, elles exigent qu'on admette que leurs références, pour être plus traditionnelles, n'en sont pas moins honorables que les autres.

Dominique Reynié a très justement montré comment cette tendance se traduit dans l'environnement politique par un « populisme patrimonial », décrivant « une inquiétude des Européens de voir simultanément remis en cause leur patrimoine matériel, ou leur niveau de vie, et leur patrimoine culturel, ou leur mode de vie, par les effets de la globalisation économique et du vieillissement démographique ». Selon le directeur général du laboratoire d'idées « Fondation pour l'innovation politique », « le patrimoine matériel recouvre les éléments qui déterminent le niveau de vie tels que le pouvoir d'achat, mais en incluant les prélèvements obligatoires, ou encore le coût et la qualité des grandes prestations publiques, tels que la santé, l'éducation, les transports ou la sécurité. Le patrimoine culturel recouvre les éléments qui définissent le mode de vie : il s'agit d'un ensemble de valeurs dans lesquelles une société se reconnaît, telles que la liberté individuelle ou l'égalité entre les individus, et d'une pluralité d'éléments, réels et symboliques, qui concourent à produire un monde culturel jugé traditionnel ou familier, et parmi lesquels il faut aussi compter l'environnement architectural et les paysages naturels ».

Si les mouvements populistes se retrouvent des deux côtés de l'Océan, certaines différences persistent entre les continents européen et américain. Outre-Atlantique, l'idée que le marché fonctionne à peu près correctement est généralement mieux acceptée qu'elle ne l'est dans les vieux pays européens, où les citoyens en doutent structurellement. Comment le leur reprocher, compte tenu de ce qu'ils observent ? Mais là où les Européens croient voir les effets d'un marché biaisé, ils désignent en réalité, on l'a vu, les effets des politiques égalitaires.

Cette divergence explique la différence de regard porté sur les politiques publiques, comme le montre un travail de recherche passionnant (désormais classique du genre) publié en 2005 par Miguel Angeletos et Alberto Alesina, qui explique que la défiance européenne pour le marché justifie le plus fort recours aux politiques fiscales et de régulation. C'est parce que les Européens considèrent que le marché est biaisé et que la pauvreté est la conséquence d'une malchance qu'ils favorisent plus souvent la redistribution étatique, envers laquelle ils expriment une confiance bien plus forte que leurs homologues américains. Par exemple, seulement 10 % des Italiens et 19 % des Français estiment que le système dans lequel ils vivent est équitable. En France, 44 % des Français considèrent de surcroît que la fortune et la situation des parents sont déterminantes dans le destin des individus, un pourcentage bien plus élevé que la moyenne des pays de l'OCDE (37 %).

À l'inverse, les Américains croient au « rêve américain » – en partie à tort, d'ailleurs, compte tenu des résultats de mobilité sociale outre-Atlantique. Ils expriment une forte conviction que le travail et l'effort peuvent mener à la réussite, et accordent plus de place à la responsabilité individuelle. De façon générale, ils ont confiance en l'équité du système, à l'inverse de leurs homologues européens. John Steinbeck est ainsi réputé avoir lu dans cette croyance une explication du faible soutien des Américains aux politiques de gauche, expliquant que, dans leur pays, toute personne pauvre est perçue comme « un millionnaire temporairement empêché ».

Le prix Nobel d'économie Jean Tirole note, dans un papier coécrit avec Roland Bénabou, qu'il existe ainsi « un premier équilibre, dit "américain", caractérisé par une forte prévalence des croyances en un monde juste au sein de la population et par des politiques de laisser-faire. L'autre équilibre, "européen", se caractérise par un plus grand pessimisme quant au rôle de l'effort dans les résultats économiques et par un État providence plus étendu ».

Le poison de la défiance

L'obsession égalitaire ne s'exprime pas qu'à travers la frustration, elle suscite également la défiance.

Le sujet de la confiance – qui en est le miroir – a fait l'objet d'une attention croissante des économistes et spécialistes des politiques publiques depuis plusieurs années. Plusieurs éléments en ressortent.

D'abord, les statistiques sont édifiantes : la France est l'un des pays où le niveau de confiance envers les institutions est le plus faible. L'OCDE a publié en 2021 une étude complète sur ce sujet qui montrait que le niveau de confiance des

Français – et particulièrement des plus jeunes – envers le pouvoir central était bien plus faible qu'il n'est dans d'autres pays d'Europe, notamment ceux du Nord. Le CEVIPOF, centre de recherche affilié à Sciences Po, publie annuellement une étude sur la confiance politique qui parvient à des conclusions semblables, illustrant une dégradation progressive. Seuls les élus locaux s'en tirent mieux : en 2022, par exemple, 67 % des Français faisaient confiance au maire de leur commune contre 43 % au président de la République (institution qui ne recueillait que 23 % des suffrages en 2018). Cette popularité, qui s'est cependant étiolée dans l'édition de 2023, s'explique certainement par la proximité et la possibilité qu'ont les citoyens d'exiger des comptes immédiats de ces élus de proximité.

Plus encore, l'enquête montre que deux sentiments dominaient dans l'opinion publique : la méfiance et la lassitude, coursés par la morosité, loin devant les autres sentiments (deux fois supérieurs à la confiance par exemple).

Cette défiance a des effets négatifs structurels sur l'ensemble de l'économie et de la société.

Elle va de pair avec un incivisme plus fort, notaient Yann Algan et Pierre Cahuc dans *La Société de défiance*, un travail de 2007. Leurs indicateurs montraient que les Français trichent plus souvent que les autres ; qu'ils perçoivent des aides dont ils ne devraient pas bénéficier ; qu'ils acceptent plus facilement la corruption… Quoi de plus normal que de s'affranchir des règles quand on juge être le dindon de la farce, seul à respecter les normes ? Les politiques mesurent à ce titre bien mal les effets démobilisateurs sur les « honnêtes gens » de la répétition des menus délits et incivilités.

La défiance ne relève pas que d'un constat statistique : dans une société convaincue que les voies de la réussite et du succès sont biaisées s'instaure une défiance forte entre ses membres et, dans une société ainsi minée par la défiance, les individus ont tendance à jouer chacun pour soi et à pousser en faveur d'un accroissement des normes, exigeant un contrôle toujours plus fort de leurs concitoyens, qu'ils perçoivent comme des fraudeurs potentiels ou des bénéficiaires illégitimes.

C'est un mécanisme vicieux : les citoyens, ne se faisant pas confiance, expriment une demande de régulation pour contrôler toujours plus et s'assurer que, par la normalisation des comportements, on évite que certains ne trichent. Ce faisant, ils multiplient les barrières réglementaires et les rentes potentielles, c'est-à-dire aussi les occasions de devoir composer avec la loi. Ils renforcent ainsi l'idée que le droit réglemente tout et trop, et accroissent finalement les occasions de colère et de défiance ! L'excès de régulation, qui visait précisément à faire sans cesse progresser l'égalité entre les citoyens (et y est, d'une certaine façon, parvenu dans la rigidification administrée), aboutit à la multiplication de situations protégées et inaccessibles, c'est-à-dire de privilèges, et ainsi au développement d'un vaste sentiment d'injustice.

Cet effet indésirable de l'idéologie égalitaire nourrit paradoxalement une demande d'encore davantage d'égalité et de redistribution : puisque les uns ou les autres échappent au sort collectif déprimé, il faut les contraindre à y participer de façon plus volontariste ou à restituer une partie de leur chance qui semble hors d'atteinte.

De là part le feu d'une immense colère sociale qui n'est pas saine pour la démocratie et sur laquelle les populistes ne cessent de jeter de l'huile.

Ceux-ci peuvent en particulier prospérer dans un pays comme la France qui a élevé la fiction de la volonté générale au rang de doctrine incontestable, et construit ses institutions autour du culte de la puissance du chef. Parce que l'État serait symboliquement investi d'un monopole dans la définition du bien commun, le diriger permettrait d'accéder à la mission providentielle de guider les destinées collectives vers la réalisation d'un monde meilleur. Plus encore, parce qu'il s'immisce dans chaque interstice de nos existences, le présider octroierait un pouvoir inégalé sur les existences individuelles. Les citoyens ont l'impression que des miracles peuvent se produire à l'issue d'une élection qui n'est en rien divine, ce qui ne peut que susciter des déconvenues. Tout, dans notre conception du politique, pousse à cette déception continue et inévitable.

Il y a ainsi dans la société française cette croyance magique que non seulement l'État peut tout, mais qu'il est tout. Faire reculer son emprise dépassionnerait probablement un peu les ardeurs militantes en dispersant les sources de régulation sociale : on lutte moins pour un contrôle divisé ; on se bat avec moins de virulence pour le pouvoir quand on a compris qu'il n'en a que les apparences.

9

L'obsession égalitaire, un déni de liberté

La seule façon de réaliser le fantasme de l'obsession égalitaire, est de rogner voire de nier la liberté. Plusieurs régimes s'y sont déjà essayés et ce n'est pas un hasard si, promettant l'égalité et la prospérité, ils ont systématiquement débouché sur un appauvrissement général et l'asservissement individuel.

Comme les pages précédentes ont tenté de le montrer, l'obsession égalitaire ne peut se réaliser qu'à travers une forme de centralisation et de contrôle social. Elle ne peut se traduire que par une forme d'ingénierie technocratique, c'est-à-dire par le pilotage non seulement des groupes mais également des êtres, pour leur dire ce qui est autorisé et ce qui ne l'est pas, pour contrôler que leur comportement individuel ne va pas perturber les grands plans et schémas conçus pour assurer constamment l'égalité dans la société. Les uns et les autres diront bien sûr que leurs projets d'égalité ne sont pas la caricature décrite ici, mais en réalité il n'est pas d'autre façon d'atteindre un tel objectif. L'essence des politiques d'égalité est liberticide. Un compromis doit être fait entre deux principes, la liberté des droits et l'égalité de fait, mais il doit être réalisé en connaissance de cause.

Il est évidemment possible de favoriser des politiques contribuant à une meilleure égalité et, comme cela a été souligné plus haut, cela peut également être salutaire pour la préservation de la cohésion de groupe nécessaire à la démocratie, mais les propositions en faveur d'une plus grande égalité de fait doivent être écoutées avec prudence et analysées avec attention car elles s'inscrivent sur une pente potentiellement dangereuse – et il est facile, en politique, de déraper.

L'obsession égalitaire, un refus de la diversité

L'obsession égalitaire est d'abord un déni de réalité : c'est l'illusion à la fois enfantine et profondément prétentieuse des hommes qui refusent la complexité du monde.

Les sociétés dans lesquelles nous évoluons sont complexes : la planète compte plusieurs milliards d'êtres humains qui prennent chacun des millions de décisions au cours de leur vie et probablement au cours de leur journée – et celles-ci entrent souvent en interaction avec celles de leur entourage. La vie humaine est riche précisément parce qu'elle est faite de cette extraordinaire diversité : nous ne pensons pas de la même façon, nous n'avons pas les mêmes envies, nos décisions sont contradictoires, nos préférences différentes et parfois incompatibles, nos parcours divergent souvent et s'opposent à l'occasion. Cette simple évidence devrait à elle seule faire renoncer toute ambition de réguler la société de façon fine !

Mais ce fantasme n'est pas qu'illusoire, il est dangereux car, pour le réaliser, il n'est pas d'autre voie que de s'aventurer dans la régulation des choix, préférences et décisions individuels. La diversité humaine est par essence incompatible avec ce projet : pour assurer que chacun reste à sa place, il est nécessaire qu'une puissance externe vienne contrôler, contraindre et briser les velléités individuelles de se distinguer de la masse. L'obsession égalitaire, sous couvert de discours généreux, ne tolère pas la différence. Pour être plus exact, elle ne tolère que les différences administrées, c'est-à-dire celles qu'elle peut contrôler, qui s'inscrivent dans son plan de régulation de la société.

Incertitude : l'imprévisibilité du capitalisme

Pour l'obsession égalitaire, l'incertitude est intolérable : il n'est pas envisageable pour son œuvre de régulation sociale de ne pouvoir prévoir qui sera où, quand et comment.

La force de l'économie de marché est qu'elle permet à chacun, à l'inverse, de progresser de manière libre dans un univers d'incertitude, en coordonnant spontanément les comportements individuels.

Régulièrement, les uns et les autres s'inquiètent de l'accélération du monde, décrivent avec force superlatifs un univers mouvant, dans lequel l'incertitude serait une nouveauté et une menace. Ils produisent conférences et articles pour expliquer pourquoi il faudrait prévoir une « meilleure » régulation (c'est-à-dire, généralement, une régulation supplémentaire) et instaurer un peu plus de planification pour dompter cet environnement incertain. Nul doute que cela doit être vendeur. Mais c'est erroné.

Le monde est incertain et cela suscite de l'angoisse, d'autant qu'il est complexe et spontané ; mais il est faux de prétendre qu'il s'agit là d'une nouveauté radicale, comme il est vain d'imaginer pouvoir surmonter cette incertitude par des plans savants.

Non seulement il est impossible de prévoir les actions humaines, mais il est aussi illusoire de vouloir gommer les irruptions de l'imprévisible. Quelques exemples : début 2022, il n'y avait aucune certitude sur le fait que la Russie attaquerait lâchement son voisin ukrainien et ce, alors même que Vladimir Poutine est probablement l'un des hommes les plus observés de la planète. La vigueur et la grandeur de la réaction ukrainiennes semblent aussi avoir surpris nombre d'observateurs parmi les plus avisés et les mieux informés. Personne ne pouvait avoir non plus anticipé précisément les conséquences que ce conflit aurait sur les ressources et les prix. Quand bien même elles auraient été envisageables, qu'aurait pu ou dû faire un organisme centralisé pour prévenir les consommateurs que l'inflation allait grimper et potentiellement accroître les inégalités (alors même qu'il y a peu, ceux qui la dénoncent aujourd'hui comme touchant les plus défavorisés réclamaient son retour pour nuire aux riches) ?

De la même façon, il serait bien prétentieux de la part de qui que ce soit de prétendre avoir anticipé la pandémie qui a miné le monde à partir de 2020 et ses conséquences sur la vie économique et sociale – aussi bien que ses répercussions sur les inégalités.

L'incertitude fait partie de notre vie, elle est consubstantielle à notre liberté.

Le fantasme homéostatique d'une société morte, d'une démocratie éteinte

Les discours politiques (particulièrement du côté des populistes – mais pas uniquement) ont généralement en commun de promettre une forme de société idéale : dès lors que les programmes et idées seraient mis en application, la société s'en trouverait définitivement apaisée et les individus protégés des aléas de l'existence économique qui sont autant d'épreuves désagréables, voire douloureuses. Dans toutes les promesses se dessine celle de réaliser un monde parfait, c'est-à-dire non de gérer la vie collective, mais de la façonner pour l'amener (et généralement la contraindre) à atteindre une nouvelle forme, considérée comme un idéal. Pour y parvenir, rien de plus simple : il suffit de dérouler les plans conçus par ces esprits supérieurs ; ils permettront d'orchestrer la réalité selon les projets savants conçus par les meilleurs technocrates, les faits se pliant évidemment à l'organisation imaginée à cette fin.

Une bonne illustration de cette illusion a été donnée au moment de la crise du Covid qui a précipité une grande partie du monde dans des confinements imposés par les considérations sanitaires. Probablement parce qu'ils ont jugé indispensable de redonner, par leurs paroles, espoir aux citoyens, mais aussi probablement parce que le moment offrait une opportunité unique de mettre en œuvre leurs fantasmes implicites d'administration du monde réel, de nombreux responsables politiques ont commencé à disserter sur « le monde d'après ». Comme si cette crise avait permis d'arrêter la rotation de la Terre et offert aux dirigeants une feuille blanche sur laquelle recréer le monde selon leurs propres rêves. Personne n'était bien capable de définir quand l'« après » commencerait ni ce que l'« avant » avait été, mais les plans étaient prêts ! Évidemment, rien de tout ce qui avait été annoncé ne s'est réalisé. Pis encore, alors qu'on nous promettait une transition environnementale apaisée, la montée du désintéressement et le triomphe de l'amour et de la raison dans l'histoire, le monde a poursuivi son avancée chaotique entre les guerres, la virulence politique et les drames.

Et pour cause : le monde n'est pas un jeu de construction pour enfants qu'il serait possible de pratiquer de manière unilatérale. Il n'y avait pas la moindre raison de croire, pour qui voulait se donner la peine de préférer l'analyse à la promotion de ses propres fantasmes, que le chaos des épreuves et des défis qui ont émaillé l'histoire moderne depuis deux mille ans aurait soudainement disparu. Et encore moins que la volonté de quelques hommes suffirait à soumettre les événements. Ces discours sur « le monde d'après » révélaient ainsi plusieurs choses.

D'abord, l'illusion enivrante de toute-puissance du politique, qui semble croire que non seulement les électeurs lui ont confié la tâche de changer le monde, mais en outre qu'il en a la capacité.

Ensuite, la profonde incompréhension de la complexité de ce monde. Un pays comme la France compte près de 70 millions d'habitants. Ce sont donc autant de volontés différentes, avec leurs propres contradictions. Il est matériellement impossible de coordonner ces goûts, couleurs, diversités multiples de façon un peu centralisée. Quiconque a déjà eu à gérer une classe, une entreprise, un groupe quel qu'il soit, sait qu'il est déjà extraordinairement compliqué d'accorder les préférences de leurs membres dans une forme de compromis un peu durable. Alors 70 millions de personnes ! Les êtres humains sont complexes et leurs comportements imprévisibles ; c'est ce qui fait leur créativité et leur liberté. Les ambitions de planification sont intrinsèquement vouées à l'échec car elles ne peuvent se réaliser en pratique que dans la contrainte pour forcer la population à renoncer à ses propres préférences au profit de celles de la minorité dirigeante.

Il n'est qu'une institution sociale, aussi imparfaite soit-elle, qui permette de coordonner l'extraordinaire pluralité des comportements humains : le marché. Et il le fait de façon libre.

Le marché, si souvent conspué et décrit à tort comme une puissance qui aurait une volonté propre, n'est en réalité rien d'autre que la rencontre des volontés individuelles et des décisions de tous, fondées sur les éléments disponibles, les préférences et les réactions affectives ; un lieu théorique où s'entrechoquent les choix de chacun, dans leur chaos créatif, dans leur inorganisation spontanée. De ces rencontres résulte une forme d'équilibre qui n'a d'existence que temporaire, puisqu'il est immédiatement remplacé par un autre, qui incorpore toutes les nouvelles décisions tout juste adoptées.

Autrement dit, l'équilibre du marché reflète sans cesse le meilleur état de la connaissance du monde : cela ne veut pas dire qu'elle soit parfaite, ni nécessairement correcte, simplement que c'est la meilleure. Aucune autre institution ne peut en faire autant.

Oui, le marché peut conduire à des erreurs ; mais, outre qu'une solution centralisée en commet probablement plus (et lorsqu'elles surviennent, de plus graves, car elles sont de fait imposées à tous), la force du marché est qu'il tend à les corriger. Si je prends une décision fondée sur un élément incorrect, les réactions des autres acteurs vont signaler mon manque d'appréciation. Ce caractère autocorrectif ne signifie pas que la correction soit immédiate ou indolore, malheureusement, mais elle se fait spontanément, sans qu'il soit besoin de désigner une personne ou une autorité qui serait détentrice de la vérité – et qui ne pourrait faire mieux.

Enfin, le discours sur « le monde d'après » était révélateur d'un fantasme homéostatique. L'homéostasie est un processus biologique de régulation des organismes vivants qui permet de maintenir dans un état de stabilité relative certaines de leurs caractéristiques physiologiques. Par extension, l'expression sert à désigner un écosystème qui reste stable. C'est ce qu'on entendait dans le discours sur « le monde d'après » : le regret d'un monde qui aurait dû rester stable et prévisible (et l'espoir qu'il pourrait le devenir), dès lors qu'on aurait pu profiter du prétendu arrêt des horloges pour le modeler à l'image qu'on en avait. Rêve prométhéen !

Ce fantasme planificateur résonne parfaitement avec l'idéologie égalitaire. Elle aussi postule qu'il serait possible d'atteindre une forme d'équilibre social, dans lequel les aléas de l'existence seraient non seulement compensés et stabilisés à jamais, mais maîtrisés et anticipés. Elle aussi nous promet un monde nouveau, sorte d'Éden harmonieux sur terre.

En somme, l'idéologie égalitaire repose sur le fantasme d'une société stable, donc prévisible et malléable, c'est-à-dire privée de liberté mais aussi administrée et donc, en réalité, morte. C'est une illusion dangereuse.

Nul besoin d'être grand clerc pour comprendre que cet idéal de société n'est pas compatible avec le modèle démocratique, mécanisme décentralisé de collection et coordination des préférences politiques et sociales individuelles, qui a pour force et talent de pouvoir intégrer les réactions sociales et de les transcrire dans une tentative d'organisation commune. En ce sens, comme on l'a vu, elle est l'une des forces de rappel de l'économie de marché, qui partage avec elle le fait d'être sans cesse modulable, sans cesse adaptative : elle aussi refuse la stabilité et contredit la planification.

III

UN VRAI COMBAT :
LUTTER CONTRE LES INJUSTICES

10

Vive les riches !

Les inégalités ont du bon

Rares sont ceux qui acceptent de défendre les riches dans le débat public ; encore moins ceux qui rappellent que les inégalités peuvent avoir aussi des avantages et que c'est à tort que le terme a été confondu avec celui d'injustice. Pourtant, personne ne peut prétendre réellement qu'une société dans laquelle nous disposerions tous strictement des mêmes ressources, des mêmes épargnes et des mêmes conditions de vie serait une société idéale. Au contraire, même, les inégalités peuvent présenter des attraits.

Tout d'abord, les inégalités stimulent. C'est précisément parce que les situations entre les individus divergent que chacun peut, par ambition ou envie, avoir des perspectives pour son avenir. Les jeunes qui se lancent dans l'entrepreneuriat poursuivent une pluralité d'objectifs et une diversité de motivations : changer le monde, devenir riche, etc. Leur dynamisme dans la création d'entreprise est un révélateur de leur volonté de se distinguer de la masse, de montrer qu'ils sont différents – et c'est tant mieux. La concurrence, qui éveille la créativité, implique des différences de situations – à la fois dans son origine et dans ses résultats.

Dans son origine, car c'est la disparité des situations de départ qui peut contribuer à susciter l'envie de dépasser des conditions insatisfaisantes. De fait, les situations défavorables peuvent avoir pour effet de susciter l'envie d'entreprise, de sortir de sa condition. L'égalité réelle au départ étant illusoire, la volonté de dépasser un contexte imparfait est un puissant moteur de réussite. Il faut écouter les entrepreneurs, notamment issus des quartiers populaires et des banlieues : ils tirent leur volonté inflexible de la disparité de leur situation de départ, du désir de bénéficier d'un autre environnement. C'est parce qu'ils ne se satisfont pas de l'existant que les entrepreneurs des start-up se lancent dans l'aventure créatrice et inventent de nouvelles solutions.

Différence dans les résultats aussi, car la concurrence fondée sur les mérites promet de récompenser ceux qui ont su prendre des risques, s'investir dans des projets et donner leur énergie pour créer des solutions ou des produits nouveaux. La promesse de résultat est ce qui motive : elle repose sur une espérance de gains financiers ou de reconnaissance sociale, par exemple, et dans tous les cas sur la volonté de se distinguer, de se différencier.

Plus encore, la concurrence est un puissant outil de redistribution : dans une économie concurrentielle, l'entreprise est sans cesse contestée et ainsi toujours incitée à améliorer sa performance, on y reviendra.

Les inégalités ont donc pour partie une fonction d'incitation : dans un monde d'égalité parfaite, il n'y a pas de place (ni de liberté) pour la différenciation.

Ensuite, les inégalités sont révélatrices des talents – ou plutôt des qualités que la société valorise, en vertu de considérations sociales ou pour leur rareté. Bien sûr, cela ne signifie pas que les personnes les moins bien rémunérées aient moins de valeur humaine ; mais la société considère dans l'ensemble que leur talent et leurs compétences sont moins rares. Pour le dire de façon provocante : il y a des centaines de milliers d'infirmières et d'infirmiers à travers le monde ; il n'y a qu'un seul champion du monde de tennis et une poignée seulement d'excellents joueurs de football comme Lionel Messi, Kylian Mbappé ou Cristiano Ronaldo (les grands sportifs, dont la carrière est d'ailleurs plutôt courte à l'échelle d'une vie, sont à ce titre encore moins courants que les PDG).

En économie, certains identifient ainsi une économie des « superstars », qui explique que les talents rares sont extraordinairement rémunérés – dans une concurrence très vive d'ailleurs (il n'est pas facile d'être Andy Warhol ou Michael Jordan).

Les inégalités signalent donc, sur le marché, des valorisations différentes. Elles remplissent une fonction de signal en ce qu'elles transmettent une information sur la façon dont les consommateurs-citoyens accordent de l'importance à certaines activités ou certains individus – sans que cela relève nécessairement de l'injustice. Elles reflètent les préférences à un moment donné. La société en tire profit : le service que rendent les très hauts salaires contribue à améliorer le sort collectif, qui les en récompense.

L'inégalité est donc aussi une conséquence du dynamisme et de la mobilité de la société.

L'égalitarisme, à l'inverse, est clairement un facteur de démotivation : traiter de la même façon des situations différentes et des performances distinctes a des effets décourageants pour ceux qui déploient des efforts supplémentaires.

La richesse n'est pas illégitime

En 2015, Emmanuel Macron, qui n'était pas encore président de la République, avait suscité le débat en encourageant les jeunes Français à devenir milliardaires. Sacrilège !

Bien sûr, on nous répète l'idée que « vivre mieux », ce n'est pas nécessairement être plus riche. Ce n'est pas totalement faux (l'argent ne fait évidemment pas tout le sens de la vie), mais c'est un discours d'enfant gâté du capitalisme. Il faut être bien privilégié pour se permettre de mépriser l'argent qui, s'il peut aliéner, est aussi une voie d'autonomie, d'accomplissement et de liberté.

Derrière l'idée que la richesse serait illégitime (et que, dès lors, ceux qui en bénéficient ont, d'une certaine façon, volé la société), il y a en fait une grande part d'envie.

Le niveau de vie des « riches » renvoie chacun de nous à ses propres limites et contraintes, qu'elles soient choisies ou imposées (tout le monde n'a pas le talent ni la capacité d'être Mozart). Mais il y a aussi souvent un sentiment d'injustice légitime quand la conviction s'est installée que les voies de l'ascension sociale sont bloquées.

L'héritage est-il un problème ?

Tout comme la situation des « riches » n'est pas illégitime par nature, elle n'est pas non plus légitime par nature – et, quoi qu'il en soit, il est normal de pouvoir la discuter. Il est courant dans le discours public de dénoncer « les riches ». De s'en prendre à leur fortune et à leur façon de vivre. Pourtant, il est bien plus facile de faire faillite que de faire fortune.

Une première critique faite aux plus grandes fortunes mondiales est que leurs bénéficiaires seraient des héritiers. Dans la campagne présidentielle française de 2022, le sujet de la taxation de l'héritage est ainsi revenu régulièrement. Ce n'est que partiellement vrai : Jeff Bezos (fondateur d'Amazon) ou Larry Page (fondateur de Google) n'ont pas reçu leur richesse de leurs parents, mais l'ont acquise en récompense de leur capacité à inventer certains des services et produits les plus révolutionnaires de notre époque.

Quand bien même ils seraient nés avec une cuillère d'argent dans la bouche, serait-ce nécessairement illégitime ? Un esprit méritocratique affecté prétend se sentir spontanément heurté par ces situations. Cela mérite discussion.

Comme Thomas Piketty l'explique, ce sont les épisodes brutaux de l'histoire (comme les guerres) qui ont effacé et redistribué les patrimoines au XXe siècle. Or, nous vivons une période de paix historique, qui a permis l'accumulation des patrimoines. C'est tant mieux !

Un autre élément de réponse à prendre en compte est que la perspective de la transmission est un élément incitatif important : les parents travaillent dur pour offrir à leurs enfants un avenir meilleur, un niveau de vie plus confortable. Le fait que les héritages soient perçus plutôt dans la seconde moitié de la vie n'y change rien : les parents ne préparent pas cette transmission dans l'idée qu'ils mourront le plus vite possible et, en outre, elle peut bénéficier aux petits-enfants (particulièrement quand logement et études deviennent de plus en plus coûteux). Il n'est donc ni moralement illégitime ni économiquement irrationnel d'être encouragé à transmettre à ses descendants.

D'ailleurs, si la majorité des pays de l'OCDE taxent l'héritage, ils ne sont qu'une petite poignée à en tirer de réels revenus, dépassant 1 % de leurs recettes fiscales totales (dont la France). Aux États-Unis, seulement 0,2 % des successions sont soumises à la fiscalité par exemple.

Au demeurant, le constat de dénonciation n'ouvre pas sur des recommandations de politique publique très évidentes. Que faire ? Interdire les transmissions, comme l'envisage une partie du spectre politique ? C'est assurer non seulement des effets désincitatifs au dépassement de soi, mais en outre une fuite des capitaux. Taxer les transmissions ? Elles le sont déjà en France et à un niveau qui n'est pas nul.

Une réplique immédiate et courante consiste à affirmer que les enfants qui bénéficient de ces héritages s'inscrivent dans un parcours de reproduction sociale. Admettons : quand on a grandi en province loin des réseaux de réussite ou des petits cercles très parisiens, il y a une certaine incompréhension à constater que, là où l'on a dû redoubler d'efforts pour espérer réussir, d'autres ont grandi dans des quartiers préservés, ont fréquenté dès l'enfance des milieux privilégiés, ayant accès aux codes sociaux et à la connaissance culturelle qui vous étaient totalement étrangers. Il n'est toutefois pas irrationnel ni illégitime pour des parents de vouloir offrir le meilleur à leurs enfants, qui n'ont pas à être sanctionnés pour cela. La privation n'est pas une forme de justice.

Le scandale n'est pas dans l'héritage, il tient au fait qu'en France certaines positions sociales ne sont pas contestables. Ce qui rend la fortune légitime, c'est qu'elle est le résultat d'une réussite et, plus encore, qu'elle est sans cesse soumise à la contestation économique, c'est-à-dire à l'éventualité d'être remise en cause par de nouveaux entrants qui viennent prendre la place des situations installées, ou suite aux conséquences des erreurs des dirigeants.

À ce titre, il faut bien mesurer que, sur un marché concurrentiel – et qui l'est d'ailleurs de plus en plus –, il n'est *a priori* pas évident de maintenir la performance d'un groupe ou de le faire croître. Certes, certaines des plus grandes fortunes contemporaines ont commencé en étant plutôt aidées dans la vie – toutefois, ce n'est pas une règle systémique. Il n'en reste pas moins que faire passer une entreprise d'une taille modeste à celle de géant mondial, ou la maintenir à son meilleur niveau n'est pas tâche aisée – y compris quand l'héritier dirigeant est entouré d'excellentes équipes pour faire « tourner la machine ». L'actualité montre qu'il est possible de prendre de mauvaises décisions et de mener rapidement un grand groupe à la déroute. Elle montre aussi que le marché sanctionne immédiatement et sèchement les fautes.

La bonne réponse à apporter à la question de l'héritage n'est pas dans la réglementation excessive ni la taxation supplémentaire ; mais dans l'assurance que les jeunes générations bénéficient des moyens de contester par leurs initiatives les positions sociales acquises. Or – et c'est là que devraient se concentrer les inquiétudes et colères – ce n'est absolument pas le cas dès lors que le marché du travail reste dysfonctionnel et que le système éducatif et universitaire s'effondre.

Les très riches ne sont pas des voleurs, mais des innovateurs

À l'automne 2022, le magazine *Forbes* recensait 2 668 milliardaires dans le monde, soit 87 de moins que l'année précédente (dont 34 de moins en Russie en raison de la politique guerrière du président Poutine ; l'autre principale baisse venant de Chine où le gouvernement a récemment décidé d'accroître son contrôle sur les grandes fortunes). Cela étant, le classement accueillait aussi 236 petits nouveaux.

Cette minorité d'ultra-riches se situe principalement aux États-Unis (735 milliardaires, tout de même) et en Chine (607) – en somme dans le pays le plus innovant et dans le plus grand marché.

Ce qui est fascinant, c'est que ces fortunes évoluent très vite. Au moment de la rédaction de ce passage, la valorisation de la fortune de Jeff Bezos a par exemple perdu 4,9 milliards de dollars en 24 heures, alors que celle de Bernard Arnault a crû de 1,2 milliard (quelques jours auparavant, elle avait enregistré une baisse de 600 millions).

Qui sont ces riches ?

Le top 10 du classement de *Forbes* est illustratif. Début 2023, le premier est Bernard Arnault et les suivants sont Elon Musk, Jeff Bezos, Larry Ellison, Warren Buffett, Bill Gates, Michael Bloomberg, Carlos Slim Helú, Mukesh Ambani et Steve Ballmer. Ce sont soit des innovateurs, soit, si on considère que Bernard Arnault a reçu un héritage entrepreneurial au début de sa carrière et que Mukesh Ambani a pris la suite de son père, des personnes qui ont fait fructifier l'héritage familial à un niveau inimaginable auparavant.

Forbes a travaillé sur la liste des 400 plus grandes fortunes américaines, leur donnant une note de 1 à 10 selon qu'ils étaient *self-made* ou non (c'est le « *self-made index* ») : toute note inférieure à 5 correspond à une fortune qui a été partiellement héritée ; le niveau 10 étant celui d'une personne partie d'une situation de pauvreté réelle pour atteindre la grande fortune (par exemple, la présentatrice américaine Oprah Winfrey).

Le magazine a mesuré que seuls 122 membres de la liste ont une note de 5 ou moins – dont 27 qui obtiennent la note de 1, c'est-à-dire sont de purs héritiers. Autrement dit, les 400 plus grandes fortunes sont essentiellement des « autodidactes » (*self-made*). Plus encore, remontant dans les archives, *Forbes* montre que cette part n'a cessé de croître : en 1984, moins de la moitié des « Forbes 400 » étaient autodidactes ; en 2014, ils représentaient 69 % du classement et, en 2020, 69,5 %, puis 70,5 % en 2021. Autrement dit, la révolution économique des dernières années a profondément renouvelé la richesse et permis l'émergence de nouvelles fortunes, accumulées par la réussite de leurs auteurs. On est loin des clichés. On comprend aussi que les inégalités sont peut-être liées aux performances des héros des transformations économiques en cours…

La revue n'est pas la seule à faire ce constat. Une étude de l'université de Chicago, réalisée par Joshua Rauh et Steven Kaplan, a démontré qu'en 2011, 32 % des

« Forbes 400 » étaient issus d'une famille déjà riche elle-même ; en 1982, c'était le cas de 60 % d'entre eux. Là aussi, c'est l'indice d'une formidable mobilité et créativité. Les chercheurs en concluent que « les Forbes 400 d'aujourd'hui sont ceux qui ont pu accéder à l'éducation quand ils étaient jeunes et mettre leurs talents à l'œuvre dans les industries les plus évolutives (*scalable*) : la technologie, la finance et la grande distribution ».

Autre illustration, une étude publiée en 2009 par quatre économistes qui ont cherché à savoir si les rentiers avaient remplacé les actifs parmi les plus riches, en exploitant les données fiscales de plus de 10 millions d'entreprises américaines entre 2001 et 2014. Leurs conclusions sont particulièrement intéressantes.

D'abord, ils montrent que la moitié des 1 % des Américains les plus riches et les trois quarts des 0,1 % sont propriétaires d'entreprises qui se distinguent des autres par leur exceptionnelle rentabilité et leur santé économique générale : celles dont l'un des propriétaires appartenait au club des 0,1 % enregistraient en 2014 un chiffre d'affaires moyen de 32,9 millions de dollars (contre 7,5 millions pour les entreprises de l'ensemble de l'échantillon), un bénéfice de 2,2 millions (contre 350 000 dollars), employaient 151 salariés (contre 52) et avaient 3,6 propriétaires (contre 2). L'étude montre en outre que ces entreprises sont plus rentables et que leur profitabilité, d'ailleurs exceptionnelle, a crû depuis le début du XXIe siècle (les entreprises détenues par les 0,1 % ont une profitabilité de 16 000 dollars par salarié). Les auteurs notent ainsi qu'« une entreprise type détenue par les 0,1 % est un business de dimension régionale, avec un chiffre d'affaires de 30 millions de dollars et 150 salariés, comme une concession automobile, une entreprise de distribution de boissons ou un grand cabinet d'avocats ». Une petite réussite entrepreneuriale en somme.

Ensuite, ces riches Américains se distinguent également par une forte implication dans la vie de leur entreprise. L'étude montre, de façon un peu lugubre, que la mort précoce de leur propriétaire a des effets néfastes sur leur activité, dont une baisse de plus de 50 % des bénéfices : autrement dit, les riches ne se contentent pas d'être d'heureux propriétaires d'entreprises prospères, ils s'y impliquent activement et obtiennent des effets évidents sur leurs performances. Là encore, l'argument de la rente échoue.

Ce travail titanesque conduit ses auteurs à une conclusion claire : l'augmentation récente des revenus les plus élevés est liée aux revenus tirés de leur activité entrepreneuriale ! Ils ajoutent : « La plupart des capitalistes du XXIe siècle ne sont pas des rentiers passifs, mais des propriétaires managers d'entreprises qu'ils détiennent étroitement et qui jouent un rôle clé dans leur succès. »

Il faut bien comprendre le message derrière ces statistiques : les « ultra-riches » de la planète sont d'abord récompensés pour leur talent. Ils sont devenus riches parce qu'ils ont réussi. Ce faisant, ils ont aussi créé de la richesse.

Gregory Mankiw, économiste de renommée internationale qui a présidé le « Council of Economic Advisers » auprès du président des États-Unis George W. Bush, avait publié un papier « En défense des 1 % » qui avait suscité un débat nourri. Il écrivait que, selon son analyse, « la plupart des personnes très riches en sont arrivées là en apportant des contributions économiques substantielles, non en trichant avec le système ni en profitant d'une faille du marché ou du processus politique ».

En somme, les riches d'aujourd'hui sont des innovateurs ou entrepreneurs, pleinement inscrits dans une économie hyper-concurrentielle liée à la révolution digitale et la mondialisation, qui appartiennent à l'une des premières générations à avoir échappé à la guerre (guerre du Vietnam, aux États-Unis, guerre mondiale et guerres de la décolonisation en Europe) et ont bénéficié d'un large accès à l'éducation.

La composition de la richesse a changé

Comment expliquer les évolutions de revenus et de patrimoine ? Les travaux statistiques et économiques indiquent que la rémunération du travail a évolué, ainsi que la composition des patrimoines.

D'abord, certains emplois sont plus rémunérés que d'autres – et de plus en plus.

Les dernières recherches ont montré qu'aux États-Unis les divergences dans les revenus ont été portées par des différences entre secteurs économiques plutôt qu'en leur sein : autrement dit, il y a des secteurs particulièrement dynamiques qui paient beaucoup plus leurs salariés, alors que les autres stagnent ou déclinent. Un nombre limité d'industries animent ainsi la dynamique d'inégalités : une trentaine sur les 300 que compte la statistique américaine. Il s'agit de la tech, l'exploitation minière (extraction de gaz et pétrole par exemple), la finance/assurance et la santé (« *health care and social assistance* » : médecins, chirurgiens). À l'inverse, ceux qui connaissent un déclin sont des emplois dans la distribution de vêtements ou la restauration, l'entretien et la santé (aides à domicile, notamment). Cet effet est probablement d'autant plus fort que les plus grandes entreprises ont vu leur part dans l'emploi croître.

Les variations salariales semblent donc être le fruit du dynamisme très intense de quelques secteurs, dont on voit qu'il s'agit principalement des services qui jouent un rôle très valorisé dans l'économie contemporaine, issue des révolutions numériques et de la mondialisation. Ce qui se dessine, entre les lignes, c'est très prosaïquement que le capital qui compte le plus aujourd'hui est probablement…

le capital humain. Autrement dit, que le capitalisme met l'humain au cœur même de son modèle !

Angus Deaton, prix Nobel d'économie, l'explique ainsi dans son livre coécrit avec Anne Case, pour ce qui concerne les États-Unis : « La principale raison du doublement de l'avantage salarial lié aux études est que l'instruction et les capacités cognitives sont désormais plus appréciées sur le marché du travail car la production dépend davantage de technologies complexes, s'éloignant de l'agriculture en faveur des ordinateurs, des muscles en faveur du cerveau. »

Ensuite, la composition du patrimoine des plus fortunés a varié : pour la faire courte, ils ont plus d'actions. Alors qu'au début du XXe siècle les grandes fortunes avaient des biens assez traditionnels (des domaines agricoles et des entreprises), après la Seconde Guerre mondiale, la richesse s'est modifiée, pour se porter vers le logement et les retraites individuelles et personnelles. Or les marchés financiers ont crû plus rapidement que d'autres actifs. Tant mieux pour eux.

Cette composition nouvelle des patrimoines explique aussi leur volatilité : si la

Bourse a connu de beaux moments, dans le même temps (on oublie un peu souvent de le rappeler), elle s'est aussi régulièrement effondrée. Dans ces moments, les plus riches ont beaucoup perdu, parfois en quelques heures (les inégalités se sont alors réduites, sans que personne n'en profite vraiment, ce qui prouve la limite de l'analyse de la société sous leur prisme !).

Ces rappels semblent dessiner quelques éléments de réflexion : les inégalités croissent dans la période post-1980 parce qu'une nouvelle révolution bouleverse l'économie, favorisant les individus qui sont le plus et le mieux inscrits dans son mouvement, c'est-à-dire qui contribuent le plus à cette « avant-garde ».

Ce que les riches font de leur fortune

Les « riches » ne sont pas seulement critiqués pour l'illégitimité prétendue de leur fortune, mais également pour l'usage qu'ils en font. Qu'ils gagnent leur vie est déjà mal accepté, qu'ils le montrent l'est encore moins.

Comment le comprendre ?

Il y a certainement dans ces critiques un fond d'envie. Certains révèlent plutôt l'essence liberticide de leurs préférences politiques : ce qu'ils voudraient, pour une raison ou une autre, c'est régenter la vie quotidienne des citoyens selon leurs propres préférences personnelles. Dans les deux cas, la clé du débat, c'est la libre disposition de sa propriété.

La grande contestation du moment se réclame de l'écologie – et cache parfois à peine son idéologie anticapitaliste. La cause est entendue : les riches pollueraient trop et devraient dès lors être sanctionnés. Certains mesurent même leur « empreinte environnementale », c'est-à-dire ce qu'ils sont supposés générer comme pollution. La presse reprend souvent l'argument sans regarder la méthodologie à l'œuvre, qui est pourtant d'une pauvreté absolue, puisqu'elle ne mesure pas leurs modes de vie mais intègre l'empreinte des activités économiques dont ils ont la propriété – au demeurant, sans tenir compte non plus de la façon dont elle évolue. C'est un raccourci trop facile. Si les plus fortunés ont une responsabilité, c'est celle d'engager leurs entreprises dans une démarche de transition environnementale comme tout citoyen. Il est d'ailleurs bien rare que ce ne soit déjà le cas.

De façon plus subtile – et intrusive –, certains activistes commencent maintenant à suivre les déplacements de quelques-uns des plus fortunés pour dénoncer notamment le fait qu'ils prennent l'avion. La démarche est caricaturale. Antoine Arnault, qui travaille auprès de son père, a essayé de s'en justifier sur les plateaux de télévision : à juste titre, il a expliqué combien l'activité dans laquelle le groupe LVMH évolue est extraordinairement concurrentielle et combien le temps, dans cette compétition, est un enjeu immense. Déceler une innovation avant les autres, réagir rapidement à une évolution du marché, gérer les équipes et suivre l'activité requiert du dirigeant qu'il soit mobile. Il est inquiétant et sombre de voir émerger l'idée anti-humaniste que la révolution environnementale devrait se traduire par une restriction des échanges et des mouvements qui enrichissent la culture et les hommes.

Les critiques oublient par ailleurs un peu trop souvent que, pour parvenir et rester à ce niveau de responsabilité – et de fortune qui la récompense –, les dirigeants ne s'appartiennent pas totalement non plus. Un PDG ne rentre pas à 19 heures chez lui en ne reprenant le travail que le lendemain. Il est sur le pont en permanence. Il prend des décisions qui impliquent des investissements majeurs et des milliers de personnes. Il n'est ni un héros ni un surhomme, mais le débat public semble considérer qu'il exerce une activité facile et reposante ; ce n'est pas vrai. S'il n'y a qu'un seul Steve Jobs et des centaines de milliers de consultants sur la planète, c'est que les seconds sont parfaitement substituables alors que le premier était unique.

Le débat public oublie en outre un peu trop souvent que, si les grands innovateurs amassent des fortunes, ils sont aussi d'extraordinaires contributeurs pour la société.

D'abord, parce qu'ils changent le monde. L'économiste William Nordhaus a, dans un article de 2004, cherché à déterminer « à qui profite l'innovation ». Sa conclusion concernant les entrepreneurs est particulièrement intéressante : il estime que, depuis 1945, les innovateurs ont capté seulement 2,2 % du surplus de leurs inventions. Autrement dit, les innovations bénéficient d'abord et de façon incomparable à la société en général avant les entrepreneurs eux-mêmes ! Leur fortune n'en est que plus méritée.

Pour prolonger l'exemple, rappelons-nous un peu ce qu'était le monde avant que Steve Jobs crée l'iPhone et qu'à sa suite se généralise le smartphone. Comment faisions-nous pour écouter de la musique, consulter nos comptes en banque, trouver le trajet le plus court, commander un repas, écrire un e-mail, partager des photos avec la famille et les amis, jouer pour tuer le temps libre, faire des courses, lire la presse, etc. ? Et combien cela nous coûtait-il ? Réalise-t-on le gain de temps et le gain financier extraordinaire que cela représente ? Oui, un smartphone coûte cher, mais était-ce moins coûteux (ne serait-ce qu'en temps) d'avoir un baladeur, d'appeler la banque ou l'assurance, ou d'en attendre les relevés (pendant des semaines), de consulter des cartes routières (si on avait pu les acquérir) en tentant de savoir où l'on se situait, d'aller chercher son dîner à l'unique restaurant ouvert tard du quartier, d'avoir un gros ordinateur à la connexion lente et laborieuse à la maison, de se déplacer aux horaires les plus impossibles du week-end avec des milliers de personnes dans les magasins bondés ou auprès des administrations à leurs rares heures d'ouverture, etc.

La contribution des plus riches à la vie collective ne s'arrête pas là : ils créent des emplois et participent à l'impôt, par exemple. Ce n'est qu'une façon de l'approcher, mais regardons un instant les plus grandes entreprises françaises : elles sont 287 selon l'INSEE (sur un total de 3,8 millions d'entreprises). Au total, elles emploient un peu moins de 4 millions de salariés, c'est-à-dire en réalité près d'un tiers des salariés en France. Ce n'est pas rien ! En 2020, leur contribution à l'impôt sur les sociétés a représenté 16,2 milliards d'euros, sur un total de 53,9 milliards : autrement dit, un peu moins de 300 entreprises sur 4 millions rapportent 30 % de l'impôt sur les sociétés. Si on y ajoute les 7 000 entreprises de taille intermédiaire (ETI), cela représente 53 % des recettes de l'IS. On ne peut pas dire que ce ne soit pas significatif.

Autres statistiques, les 2 000 foyers français qui sont dans la tranche la plus haute de l'impôt sur le revenu (IR) en 2020 (supérieur à 158 122,00 euros de revenu), représentaient 0,2 % des foyers fiscaux et avaient contribué à hauteur de 13,7 % des recettes d'IR. Les 1,3 % des foyers fiscaux qui ont les plus hauts revenus (supérieur à 73 516,00 euros) représentaient, eux, 33,9 % des recettes de l'IR. Là aussi, on ne peut pas dire qu'ils ne contribuent pas aux recettes fiscales de la France !

Les contributions des mieux lotis se manifestent de maintes autres manières. Il faudrait rappeler qu'ils investissent, qu'ils dépensent et consomment. Il faut également mentionner leurs actions sociales et culturelles. Bernard Arnault comme François Pinault ont par exemple créé des musées à Paris. Aux États-Unis (puis au-delà), une partie non négligeable des plus grandes fortunes se sont engagées à léguer au moins 50 % – parfois même l'intégralité – de leurs richesses à des œuvres de charité. La promesse est très claire : « Le *Giving Pledge* est un concept simple : une invitation ouverte aux milliardaires, ou à ceux qui le seraient s'ils ne faisaient pas de dons, à s'engager publiquement à donner le gros de leur fortune à la philanthropie, de leur vivant ou par testament. » En 2022, ils sont 236 venant de 28 pays à l'avoir fait.

Le scandale de la pauvreté

Pour autant, la richesse fascine. La vie des plus riches passionne. Il n'est que de montrer, comme le fait la série à succès *Succession*, qu'ils ont eux aussi des problèmes, et c'est le succès. Illustrer leurs épreuves dans la presse fait vendre de belles photos. Expliquer leur vie compliquée et parfois malheureuse rassure : l'argent ne fait pas le bonheur (révélation !).

Cela étant, la richesse n'est pas honteuse. S'il y a motif à révolte, c'est plutôt la pauvreté qui devrait nous indigner et mobiliser notre énergie. On regrette d'ailleurs que les discours militants se préoccupent plus d'appauvrir les riches que d'enrichir les pauvres.

Pour y parvenir, il faut promouvoir la croissance, car c'est, jusqu'à présent, la meilleure façon d'enrichir durablement les plus défavorisés et de leur ouvrir des perspectives sociales.

Vive l'actionnaire

Depuis quelques années, il est devenu à la mode de critiquer l'actionnaire, conspuant au passage Milton Friedman, qui aurait prétendu dans ses écrits que, dans l'existence, seul le profit compte. Les appels à « refonder » le capitalisme se répètent comme une antienne régulière – généralement, dès que les politiques n'ont rien à proposer.

L'une des solutions avancées par les détracteurs du capitalisme actionnarial (« *shareholder capitalism* ») est un capitalisme qu'ils appellent « des parties prenantes » (« *stakeholder capitalism* »), dans lequel le but de l'entreprise ne serait pas (ou plus) de réaliser des profits, mais de contribuer à la satisfaction de tous les groupes qui participent plus ou moins directement à son activité et sa prospérité… Dans cette proposition, les propriétaires de l'entreprise (les actionnaires) ne le seraient pas vraiment, devant la partager avec toutes les personnes impliquées dans son fonctionnement (un peu comme si vous deviez par obligation légale associer vos voisins ou la nounou des enfants lorsque vous souhaitez réaménager votre salon).

Il s'agit d'une mauvaise compréhension (et souvent d'une méconnaissance) de Milton Friedman. Dans le texte qu'il a écrit en 1970 dans le *New York Times*, le prix Nobel d'économie ne dit évidemment pas que les préoccupations sociales ou sociétales ne seraient pas légitimes ni valables. Il ne juge pas non plus que l'entreprise doive être un monstre de cynisme. Son obsession est, au contraire, que l'entreprise reste à sa place dans la société, qui est celle de la prospérité, sans venir empiéter sur le champ démocratique. Son texte a pour ambition de rappeler que la recherche du profit est un mécanisme incitatif efficace qui aligne les intérêts de tous, sans forcer les choix, afin de maximiser le bien-être social ; libre à chacun d'affecter ensuite la part de richesse qui lui revient à ce que bon lui semble. Ce qu'indique Friedman, c'est que le dirigeant d'une entreprise qui ne chercherait pas à optimiser la création de valeur ferait peser une taxe indirecte sur ses actionnaires et surtout ses consommateurs, en détournant une partie de leur richesse (diminuant les dividendes pour les premiers ou dégradant le rapport qualité-prix pour les seconds) au profit de ses propres préférences. Or, écrit Friedman, défendre des causes militantes au moyen de revenus communs est le rôle du politique, non du monde des affaires. Le message de Friedman n'est pas de s'opposer aux causes diverses et variées que la société voudrait servir (et il prend précisément l'environnement comme exemple), c'est au contraire de contribuer à définir le meilleur système d'incitation pour les soutenir – et d'éviter que les entreprises ne capturent la démocratie à leur profit. Si une entreprise doit se concentrer sur sa mission de production, c'est pour que ses capacités ne soient pas accaparées par des dirigeants qui en feraient des outils au service de leurs ego. Seule exception : que les actionnaires le décident. Le texte de Friedman est donc fondamentalement un plaidoyer pour la séparation de l'entreprise et de l'État !

Ce faisant, l'économie de marché donne à chacun les moyens de poursuivre ses objectifs propres : à l'actionnaire ses dividendes (qu'il peut dépenser en initiatives de bienfaisance), au salarié ses revenus (*idem*), au consommateur le meilleur rapport qualité-prix (les économies de prix lui permettant de disposer lui aussi comme il le veut de son argent et de sa générosité). Cette quête des buts personnels permet la création efficace de richesse. Il revient ensuite à l'État, dont les représentants sont démocratiquement élus, d'utiliser l'impôt pour répondre aux enjeux collectifs que l'entreprise ne traite pas (ou ne peut traiter) – comme les externalités négatives.

La philosophie de la démocratie actionnariale doit donc être défendue, contre les assauts dont elle fait l'objet : non seulement elle n'est pas la cause des inégalités, mais en outre elle propose au contraire un régime sain de gouvernance qui permet de lutter contre les excès des dirigeants.

Les propriétaires d'actions ne sont pas des moteurs d'inégalités. Au contraire, ils permettent aux entreprises de financer leur développement, c'est-à-dire en pratique de rémunérer leurs salariés (dont certains sont d'ailleurs parfois eux-mêmes actionnaires) et leur expansion. Plus encore, la rémunération des actionnaires peut contribuer à financer les retraites par capitalisation. Ceux qui ne cessent de dénoncer les actionnaires supposés « se gaver » devraient d'ailleurs être les premiers à défendre le régime de capitalisation, pour que les salariés puissent également profiter du dynamisme (qu'ils reconnaissent) des marchés et enrichir leur retraite (c'est au demeurant le cas des fonctionnaires)…

La démocratie actionnariale s'inscrit également dans une logique de contre-pouvoirs : tous les propriétaires d'une entreprise ont le droit de participer et de voter lors des assemblées générales et les dirigeants doivent leur rendre des comptes. D'ailleurs, ils n'hésitent pas à le faire et, de plus en plus, les actionnaires se sont fait entendre sur deux sujets spécifiques : les rémunérations et l'environnement.

En matière de rémunération, on a vu les actionnaires ne pas hésiter à protester contre les « *packages* » promis à certains dirigeants. Le principe du « *say on pay* », qui établit que les actionnaires doivent valider les salaires des dirigeants, a ainsi contribué à renforcer le contrôle des administrateurs, qui ne sont que les mandataires des actionnaires et ne sauraient s'affranchir de ce que ceux-ci leur demandent de faire.

Sur les questions environnementales, plusieurs épisodes intéressants ont conduit également des actionnaires à faire entendre leur voix et faire savoir aux dirigeants de leurs entreprises qu'ils attendaient d'eux des politiques ambitieuses et responsables. Quelques exemples : en 2018, plus de 50 % des propositions avancées par les actionnaires dans les assemblées générales des entreprises américaines concernaient l'environnement. De la même façon, en 2021, c'est un actionnaire activiste qui a rallié ses homologues à l'assemblée générale du pétrolier Exxon Mobil pour les convaincre de voter une résolution exigeant que celui-ci accélère la mise en œuvre de sa transition énergétique.

La démocratie actionnariale montre que le capitalisme peut fonctionner de façon performante, en organisant un débat interne à la gouvernance de l'entreprise et contrôlant les dirigeants. Ces derniers ne peuvent faire tout ce qu'ils veulent sans contrôle : de cette façon, comme l'écrivait Montesquieu pour les institutions politiques, le pouvoir arrête le pouvoir.

La remise en cause de ces principes sains serait bien malvenue. Elle manquerait de pertinence. Elle conduirait à retirer du pouvoir aux propriétaires de l'entreprise, le concentrant un peu plus, et rognerait ainsi la démocratie dans l'entreprise. Surtout, elle ne changerait rien en matière d'inégalités.

11

Moins de pauvres, pas moins de riches

Une première façon de parvenir à une société plus juste est de lutter contre la pauvreté, afin qu'aucun individu ne puisse se retrouver exclu de la communauté des citoyens. Cela implique une action publique plus efficace. Une seconde façon d'y travailler, c'est de contribuer à favoriser la mobilité, par la revalorisation de la méritocratie.

Lutte contre la pauvreté ou lutte contre les riches

L'enjeu de nos politiques ne devrait pas être de lutter contre les riches, mais contre la pauvreté. Non de vouloir limiter la richesse, mais d'aider les pauvres. C'est déterminant : les implications d'une politique visant à réduire les inégalités en luttant contre la richesse sont radicalement distinctes et différentes de celles visant à réduire la pauvreté.

Lutter contre la richesse ne réduit pas la pauvreté. Contrairement à ce que sous-entend tout le discours de l'idéologie égalitaire, posant le postulat non démontré que prendre l'argent en haut de l'échelle sociale pour le redistribuer en bas est la façon la plus efficace de lutter durablement contre la pauvreté. Or ce n'est pas le cas.

D'abord, ça ne l'est peut-être même pas de façon temporaire. Certes, la redistribution permet d'assurer un niveau de subsistance indispensable et de protection nécessaire aux plus défavorisés ; mais aller au-delà peut avoir des effets désincitatifs. Quel est le bon niveau ? Ce n'est pas ici qu'on le définira et, d'ailleurs, il est parfaitement illusoire de vouloir le faire de façon définitive : c'est le rôle de la démocratie de l'interroger sans cesse.

Ensuite, la redistribution elle-même n'est certainement pas une solution de long terme car elle renvoie, on l'a vu, à une forme de renoncement. Renoncement à la croissance, renoncement à la performance et renoncement à la capacité des individus comme du collectif à se dépasser. Implicitement, l'idéologie de la redistribution se résout à répartir les fruits de ce qu'elle considère comme une rente plutôt qu'à s'attaquer aux racines et origines de la pauvreté. La redistribution contribue, au mieux, à figer la situation.

Les politiques de lutte contre la pauvreté peuvent, c'est évident, s'appuyer sur la redistribution, mais il faut les distinguer de la lutte contre les inégalités. Leur but n'est pas de bouleverser la société ni de la moraliser, mais de permettre aux plus défavorisés de tenter leur chance et d'être en mesure de participer dignement à la vie sociale et à la stimulation économique. Elles visent à leur donner les moyens de s'inscrire dans le projet humaniste de réussite par les mérites.

La liberté comme refus de l'assignation

Lutter contre la pauvreté, en ce sens, c'est refuser l'assignation. Refuser que le destin d'un individu soit défini par des forces qui lui sont externes, des contraintes qui le retiennent dans un environnement négatif et néfaste. Refuser l'arbitraire d'un lieu ou d'un milieu de naissance qui interdisent les meilleurs espoirs – alors que l'obsession égalitaire revient précisément à y enfermer les individus.

La poursuite de la réussite implique que chacun puisse, s'il le veut, s'affranchir des contingences et des assignations diverses. Cela ne peut se concevoir que dans une société de mobilité par l'éducation et le travail, qui refuse les destinées subies. Dans un régime libéral, chacun est libre de réussir sa vie comme bon lui semble. Il n'existe pas de « sous-réussite » car, profondément, chaque parcours est également digne de respect.

Le refus de l'assignation a une dimension éminemment sociale. Aucune origine familiale ni même aucun diplôme ne saurait préjuger de la qualité d'une personne. L'égalité des chances, c'est-à-dire l'opportunité donnée à chacun de choisir sa vie et d'accéder à sa propre conception de la réussite, est la clé d'une société libre. À ce titre, de reproduction en exclusion sociales, la France n'est clairement pas un modèle. Il est triste que si peu de responsables politiques se saisissent de la question.

L'assignation est également intellectuelle : chacun doit pouvoir penser comme bon lui semble. À ce titre, le libéral se positionne en contradiction avec les socialistes et les conservateurs dont l'objectif est d'accéder au pouvoir pour y faire valoir leur propre conception de la vie réussie et pour qui la politique est un combat du bien contre le mal. L'illustrant, Simone de Beauvoir écrivait, dans un moment de totalitarisme intellectuel décomplexé : « La vérité est une, seule l'erreur est multiple. Ce n'est pas par hasard si la droite professe le pluralisme. » Elle niait à ses adversaires la possibilité d'être dans le vrai, que seul son camp était autorisé à définir.

Ce refus d'assignation vaut d'ailleurs en matière identitaire. Le libéral laisse à l'individu la chance de se construire : un nom, une couleur de peau, un accent, une religion, une adresse ne sont révélateurs d'aucune personnalité préétablie. Il faut relire les Kessel, Zweig et autres, qui furent renvoyés à leur judéité par l'antisémitisme, comme si celle-ci suffisait à les définir intégralement (eux pour qui elle était au demeurant plutôt secondaire).

À ce titre, la lutte contre les discriminations est un combat éminemment libéral en ce que celles-ci reviennent à nier l'égalité de droit entre les individus, pourtant posée clairement et de façon incontestable à l'article 1 de la Déclaration des droits de l'homme. C'est d'ailleurs dans les pays libéraux que ce combat est probablement le plus vif et avancé.

La question de l'égalité de traitement entre les sexes s'inscrit dans cette perspective : traiter différemment un homme et une femme pour la seule raison qu'ils ne sont pas du même sexe n'est pas une inégalité, mais une discrimination, c'est-à-dire un refus explicite de reconnaître le principe d'égalité de droit entre les individus.

Le débat contemporain, avec ses « *woke* » et « décoloniaux », renoue, à certains égards, avec cette prédétermination qui refuse à l'individu la liberté dans son existence, qui l'enferme dans des catégorisations et lui nie l'intelligence de la complexité, attribuant aux uns un statut de victime par essence, aux autres des torts inhérents et immuables. Ce faisant, ce combat trahit la cause d'une société plus tolérante et plus ouverte, qui ne peut reposer que sur des introspections individuelles pour remettre en cause les préjugés, non sur des assignations de groupe.

Le refus de l'assignation est enfin politique : le libéral, comme le rappelle Mario Vargas Llosa, s'efforce de penser par lui-même et surtout *contre* lui-même et les réflexes de « la tribu ». Il doute. Il ne peut concevoir, dès lors, que le rôle de l'État soit d'imposer des choix de vie. Comme l'écrivait Benjamin Constant au XIXe siècle, il faut que l'autorité « se borne à être juste » car « nous nous chargerons d'être heureux » – chacun selon ses préférences. Cette aspiration est profondément contradictoire avec l'idéologie égalitariste qui, elle, suppose qu'un pouvoir éclairé guide le reste de la population dans le sens d'une société meilleure qu'il aurait définie – ou dont il détiendrait miraculeusement la capacité de définir.

Renouveler le regard sur la fiscalité

Il y a maintes raisons, politiques (unité du corps démocratique) et humaines (solidarité) de soutenir des politiques sociales, pour lutter contre la pauvreté. À ce titre, la redistribution doit être pensée comme un instrument de financement des politiques sociales et non comme une obsession punitive.

Dans la théorie politique moderne, la participation des citoyens au budget de l'État est au fondement de la démocratie représentative. Aujourd'hui, notre système fiscal repose sur une logique démocratiquement inversée, pour deux raisons au moins. D'abord, on a fait de l'impôt un critère non seulement de citoyenneté, mais de civisme. Ensuite, la logique du consentement a été étouffée et inversée.

Pierre Rosanvallon, intellectuel de premier plan, fin analyste des mécanismes démocratiques modernes, se laisse malheureusement parfois aller à quelques commentaires surprenants. En 2007, il déclarait que « plus on est favorable à une baisse de la fiscalité et moins on est exigeant sur les critères de citoyenneté et sur la définition de la démocratie ». Sous-entendu : ceux qui critiquent le niveau de fiscalité en France militent en réalité pour un affaiblissement de l'État et, partant, l'effondrement de la démocratie – citation qui révèle surtout un certain nombre de références implicites chez son auteur, posant pour présupposés que l'argent public est nécessairement dépensé de façon efficace ou que, sans un État fort et interventionniste, la démocratie s'écrase ; ce qui est faux dans un cas comme dans l'autre.

Ce genre de propos est en outre périlleux : lier la citoyenneté au paiement de l'impôt pose implicitement l'idée que ceux qui ne contribuent pas ne sont pas de bons citoyens. Dans l'esprit de ceux qui portent ces arguments, ils visent évidemment « les riches » qui tentent d'optimiser le paiement de la fiscalité. Or ils y sont légitimes car, comme chaque contribuable, ils se contentent de mobiliser les options ouvertes par le droit pour rationaliser leurs dépenses. Ce n'est pas scandaleux mais, au contraire, fort honorable. Ensuite, le propos pourrait se renverser : *quid* de ceux dont les moyens sont insuffisants ? Sont-ils de mauvais citoyens ?

Dans un système démocratique, les citoyens sont ceux qui disent à l'administration le montant qu'ils souhaitent consacrer à la collectivité et l'État doit s'en accommoder au mieux pour produire des services publics. Aujourd'hui, cette logique s'est inversée : l'impôt est envisagé uniquement sous l'angle de la contrainte ; le Parlement et (voire « ou ») l'administration déterminent les politiques publiques qu'ils jugent bonnes (avec le succès que chacun constate), puis ils fixent le niveau de prélèvement (record) qu'ils estiment nécessaire pour financer (insuffisamment) ces choix. D'où naissent le mécontentement, la défiance et l'exaspération civique, qui s'expriment jusque dans des jacqueries, des « Bonnets rouges » aux « Gilets jaunes » en passant par les « pigeons ».

L'introduction d'une forme de volontariat pourrait contribuer à résoudre le problème, en redonnant un sens civique au paiement de l'impôt (qui ne serait plus seulement une soumission à une obligation) et en valorisant la contribution à la collectivité. Ce serait une révolution copernicienne en matière fiscale, réintroduisant liberté, citoyenneté et solidarité dans les rapports entre les contribuables et l'État.

La relation fiscale est aujourd'hui unilatérale et descendante ; elle ne s'exprime que sur le mode de l'injonction de payer. Or, selon le philosophe allemand Peter Sloterdijk, qui a beaucoup travaillé la question (jusqu'à lui consacrer un ouvrage stimulant), « le lien social s'érode lorsqu'on rabaisse les prestations des personnes fiscalement actives au niveau d'un automatisme contraint ».

Cette dimension civique de l'impôt a au demeurant été plusieurs fois valorisée dans l'histoire de France. Pendant la Révolution, Necker avait souhaité que la contribution patriotique créée en septembre 1789 fût intégralement volontaire (elle est devenue obligatoire dès 1790). On retrouve aussi des élans populaires d'offrandes patriotiques en 1848 et 1872. Surtout, en 1926, le Cartel des gauches avait adopté une « contribution volontaire » pour sauver les finances de l'État – leur gestion étant déjà, à l'époque, une tâche ardue. Les contributeurs étaient même récompensés et leurs noms affichés pour être connus du grand public.

En pratique, il est possible d'envisager trois déclinaisons de l'impôt volontaire. La première, la plus « idéaliste » (et la moins réaliste), laisserait chaque contribuable libre de donner ce que bon lui semble. C'est la solution vantée par Peter Sloterdijk. L'État fonctionnerait alors avec les moyens que les citoyens souhaitent réellement lui allouer.

Une deuxième piste, moins radicale, reposerait sur le fléchage du financement : les citoyens affecteraient tout ou partie de leur impôt à une action publique spécifique (éducation, sécurité, etc.). Cette possibilité peut s'inscrire dans les impôts existants ou reposer sur un nouvel impôt, souscrit sur la base du volontariat (un peu sur le modèle de l'impôt cultuel allemand).

Une dernière déclinaison combinerait bouclier fiscal et impôt volontaire. Elle prévoirait que les impôts directs payés par un contribuable ne peuvent dépasser, par exemple, 40 % ou 50 % de ses revenus. Dans le même temps serait créée une contribution volontaire, éventuellement doublée d'un fléchage.

L'impôt volontaire serait ainsi une déclinaison du « plébiscite de tous les jours » d'Ernest Renan : par le paiement spontané de l'impôt, les citoyens exprimeraient « le consentement, le désir clairement exprimé de continuer la vie commune ». On verrait aussi combien ceux qui ne cessent d'appeler à une augmentation de la contrainte fiscale seraient volontaires pour donner l'exemple – souvent, on est plus généreux avec l'argent des autres !

Rénover l'action publique

La France est un pays riche. Pourtant, on y croise la pauvreté chaque jour. Un touriste qui se promènerait dans un certain nombre de centres-villes du pays serait frappé par le nombre non négligeable de SDF. À l'automne 2022, l'inflation amène de nombreux citoyens, et notamment parmi les jeunes, à se presser dans les centres d'aide alimentaire pour bénéficier de repas à des prix plus abordables. Il n'est pas rare, en Île-de-France, de croiser des véhicules qui sont à l'évidence aussi les lieux de résidence de personnes qui n'ont pas – ou plus – les moyens de se loger.

Comment cela est-il seulement possible dans un pays qui a, selon les années, le plus haut ou le deuxième niveau de dépenses publiques de tout l'OCDE ?

D'après certains, il faudrait que l'État dépense plus. Toujours verser plus dans le tonneau des Danaïdes. Comme si ajouter plus de dépenses dans un système qui fonctionne mal pouvait soudain produire des résultats.

Ce n'est pas le cas. La lutte contre la pauvreté et pour le mérite passe par une action publique plus efficace : une action sociale plus rationnelle, une action scolaire plus dynamique.

12

Réhabiliter le mérite

Dans sa pièce *Suréna*, écrite en 1674, Corneille rapporte les mésaventures cruelles du héros éponyme dont le malheur est d'avoir trop aidé son roi, Orode, et d'être auréolé de la gloire de lui avoir permis par ses faits d'armes de préserver son trône. Orode s'en retrouve fort marri : « Un service au-dessus de toute récompense / À force d'obliger tient lieu d'offense. » Suréna sait alors que sa fin est proche. Lucide, il souligne que ce ne sont pas les émois de son cœur qui lui attirent des ennemis, mais le fait que ceux-ci lui doivent leur existence et leur réussite : « Mon vrai crime est ma gloire, et non pas mon amour / Je l'ai dit, avec elle il croîtra chaque jour / Plus je les servirai, plus je serai coupable / Et s'ils veulent ma mort, elle est inévitable. » Il ajoute : « Plus on sert des ingrats, plus on s'en fait haïr, / Tout ce qu'on fait pour eux ne fait que nous trahir. » La morale de cette intrigue de la pièce tient en une phrase : « Jamais un envieux ne pardonne au mérite. »

Égalité et injustice

Les pages qui précèdent ont voulu contribuer à souligner qu'une politique obsédée par l'égalité peut se révéler profondément injuste.

De façon théorique, parce que traiter deux situations différentes de manière identique est injuste. Dans le milieu scolaire, il n'est pas juste de récompenser de façon identique deux élèves dont l'un travaille et réussit très sérieusement, et l'autre beaucoup moins. Dans une entreprise, il n'est pas rationnel que deux salariés soient rémunérés de la même façon alors que l'un d'eux déploie des efforts et obtient des résultats plus importants. Dans le sport, il serait hallucinant de valoriser et promouvoir de la même façon deux sportifs quand l'un s'entraîne assidûment et l'autre très irrégulièrement, leurs résultats étant le reflet de ces efforts. Les incitations doivent être équitablement distribuées.

Dans le cadre politique aussi, où l'action publique fondée sur l'égalité obsessionnelle est injuste, dans son financement comme dans ses modalités. Dans son financement, car il n'est pas juste de priver l'innovateur des fruits de son talent, au prétexte que son génie est générateur d'inégalités. Dans ses modalités, car le traitement identique, par exemple, des établissements scolaires est une fable mensongère qui conduit, de fait, à trahir la promesse républicaine d'offrir de meilleures opportunités à chaque enfant.

L'égalité n'est donc en rien garante de justice. Il est d'ailleurs significatif que, dans le débat public, le terme d'« inégalité » soit devenu un équivalent de celui d'« injustice », et que celui d'« égalité » soit confondu avec celui d'« équité » ou, dans un autre sens, d'« uniformité ».

Lutter contre l'injustice

Dans une tribune de 2017, Angus Deaton, notait : « Ne confondons pas inégalité et iniquité. À mon avis, c'est cette dernière qui est à l'origine des remous politiques qui agitent les pays riches. Certains processus à l'origine des inégalités peuvent être considérés comme équitables, tandis que d'autres sont manifestement inéquitables et suscitent à juste titre le mécontentement ou la colère. » Il ajoutait : « En ce qui concerne les inégalités, il est difficile de reprocher aux innovateurs de s'enrichir en créant des produits ou des services qui bénéficient à l'humanité. [...] Les inégalités dues à ces progrès (que ce soit à l'intérieur du pays ou entre les différents pays) sont bénéfiques et légitimes, elles constituent une caractéristique essentielle du progrès en général. »

Dans son livre avec Anne Case, il dit encore : « Ce qui préoccupe les laissés-pour-compte, c'est la chute de leur niveau de vie et leur marginalisation, pas la fortune de Jeff Bezos (Amazon) ou de Tim Cook (Apple). Mais, dès lors qu'ils pensent que les inégalités résultent de la malhonnêteté ou de faveurs spéciales, la situation devient intolérable. »

C'est un propos qui n'est plus entendu dans notre débat contemporain : il existe des inégalités justes, c'est-à-dire des inégalités fondées sur la distinction méritocratique. Tout ce qui est différent n'est pas inégal ; tout ce qui est inégal n'est pas injuste.

La promesse républicaine, en France comme aux États-Unis (même si elle accepte des divergences de conception et de réalisation entre les deux pays), est que chaque personne qui adhère au projet national, au « plébiscite de tous les jours » décrit par Renan, doit avoir la possibilité d'en devenir citoyen et de voir s'ouvrir des opportunités de réussite. Dès lors qu'il y a adhésion au contrat social, la voie de la réussite est ouverte.

Cette promesse est inscrite dans la philosophie des Lumières. C'est dans cette logique que l'éducation est au cœur du projet civique républicain : c'est en premier lieu par l'école que chacun doit pouvoir déployer les talents de son esprit.

Dangereuse remise en cause du mérite : la méritocratie sous le feu des critiques

Dans notre société de victimes en revendication permanente – et donc en recherche de coupables –, la méritocratie a de plus en plus mauvaise presse. En France, elle reste encore un peu préservée, mais une partie des critiques et mouvements intellectuels qu'on observe sont annonciateurs de secousses à venir – copiées notamment sur les pays anglo-saxons.

L'une des dernières modes est, dans un certain nombre de pays occidentaux, de remettre en cause l'idée même de mérite. Elle serait biaisée, par essence injuste. Pour les uns, le mérite est une illusion car la réussite serait conditionnée par le milieu social d'origine. Dès lors, il faudrait y voir une mascarade des élites pour maintenir leur position dominante sur le reste de la société. Dans la même veine, d'autres expliquent que, compte tenu de la composition desdites élites, ce serait même une forme de poursuite du racisme ou de domination postcoloniale par d'autres moyens. D'autres avancent enfin que le mérite ne saurait être objectivé puisqu'il reposerait sur la définition implicite et arbitraire de qualités valorisées sans autre raison que la préférence d'une époque donnée. La méritocratie se retrouve sur le banc des accusés : on lui reproche de n'être, en réalité, qu'un outil déguisé de reproduction des inégalités et de domination.

Une critique à l'encontre de la méritocratie consiste ainsi à en soutenir la philosophie (« la méritocratie, c'est bien »), mais à en déplorer l'absence de réalité (« dans ce que je constate, la méritocratie est un mythe et je n'y ai malheureusement pas accès »). Une autre attaque s'oppose au principe même de méritocratie, rejetant la concurrence sociale. Argument décisif, selon les opposants : l'inventeur du terme de « méritocratie », le sociologue britannique Michael Young qui l'avait utilisé dans un roman d'anticipation, mobilisait la notion pour la condamner ; elle lui semblait (à juste titre) contraire aux idées socialistes qu'il défendait.

Comme le note Adrian Wooldridge, auteur d'un ouvrage récent sur la défense de la méritocratie, « il y a une part de vérité dans toute critique » : en l'espèce, la méritocratie n'est pas parfaite ; mais quelle est l'alternative ?

L'un des critiques les plus virulents est Michael Sandel, philosophe de renommée internationale, enseignant à Harvard (États-Unis). Il a connu un succès récent en publiant un livre (*La Tyrannie du mérite*, 2021) dans lequel il s'en prend à la notion de mérite, qu'il accuse de ne pas être clairement définie – ou plutôt d'être très subjective et, en outre, de ne pas être réellement accessible à tous, les familles les plus favorisées étant privilégiées dans les systèmes éducatifs.

Sa critique du mérite est double. Elle porte sur sa mise en œuvre. Sandel rappelle ainsi que les méthodes de sélection dans les meilleures universités américaines (et de fait mondiales) conduisent à un recrutement socialement très (trop) homogène : 70 % des étudiants viennent de familles à hauts revenus. Il déplore également la course aux diplômes, qui débouche sur une inflation des titres que souhaitent acquérir les jeunes.

Son commentaire porte également, de façon plus structurelle, sur le principe même du mérite. Il rappelle que les talents, dont la notion même évolue avec le temps, sont inégalement distribués dans la société. Il insiste aussi sur le fait que la « méritocratie » serait une forme oppressante et tyrannique. Son propos se fait sur ce point virulent : « Les gagnants sont encouragés à considérer leur réussite comme leur propre fait, comme la mesure de leurs mérites, et à mépriser ceux qui ont eu moins de chance. Les perdants peuvent se plaindre que le système est truqué, que les gagnants ont triché et se sont hissés au sommet par toutes sortes de fraudes. Ou bien ils peuvent avoir l'impression démoralisante que leur échec est leur propre fait, qu'il leur manque tout simplement le talent et l'énergie nécessaires pour réussir. » L'auteur adresse ainsi une critique sévère à la méritocratie, considérant qu'elle conduit à « humilier » les « perdants », ce qui expliquerait le basculement politique en faveur de populistes comme Donald Trump aux États-Unis. Au fond, écrit François Dubet, « Sandel ne soutient pas seulement que la méritocratie ne fonctionne pas parce que les plus méritants se transmettent leur mérite au fil des générations, ce qui est généralement la critique française, il démontre qu'elle est un système de production et de légitimation des inégalités ».

Or tout cela est faux.

D'abord, s'il y a reproduction sociale, on l'a vu, cela tient notamment à la lutte contre les inégalités ; la résolution de ce problème par une plus grande stimulation relève de la responsabilité de l'action publique. C'est la défaillance de celle-ci qui omet d'accompagner les plus fragiles et alimente le populisme. Ensuite, l'argument confond inégalité et injustice : si la méritocratie légitime des inégalités, cela ne signifie pas qu'elle juge les injustices acceptables – à commencer par les discriminations. Enfin, rien dans le principe méritocratique n'implique une forme de mépris pour ceux qui n'atteignent pas le haut de l'échelle sociale. Au contraire, c'est parce qu'il reconnaît à tous une égale dignité qu'il prévoit que ceux-là aussi puissent bénéficier d'une mobilité sociale ascendante.

Surtout, ce que n'explicitent pas les critiques de la méritocratie, c'est le modèle qu'ils souhaitent défendre à la place : or, une nouvelle fois, la société fondée sur le mérite est un régime d'égalité, le seul durablement compatible avec la démocratie.

Les adversaires de la notion de mérite défendent les fantasmes de tous ceux qui critiquent *in fine* le régime démocratique : ils rêvent de remplacer son incertitude inhérente par un régime dont ils garantissent qu'il serait, lui, parfaitement prévisible et donc sécurisant. Comme ces pages l'ont montré, ce fantasme ne peut jamais être réalisé et la seule façon de tenter d'y parvenir est de suivre la voie d'un étouffement démocratique, du contrôle social et politique généralisé. L'alternative au mérite, c'est l'arbitraire de la sélection par copinage.

Défendre le mérite

La méritocratie est, historiquement, une idée révolutionnaire. Adrian Wooldridge explique que les sociétés méritocratiques se fondent sur quatre principes : la valorisation des talents individuels, la fourniture d'éducation à tous, la lutte contre les discriminations, la libre concurrence.

Historiquement, l'introduction de la méritocratie a ainsi constitué une révolution sociale profonde. Émergeant à l'époque moderne avec la philosophie des Lumières et la pensée démocratique, l'idée est venue rompre avec la hiérarchie d'Ancien Régime, faite de privilèges octroyés aux personnes et plus largement à toutes formes d'institutions (des villes, des universités, etc.) : selon son rang dans la société, on ne bénéficiait pas des mêmes droits. Dans cette société, la place de chacun était transmise par la tradition et l'attribution des emplois était héréditaire ou gérée par des guildes et autres organisations de contrôle : les dynasties dominaient. La promotion était, au sens propre, le « fait du prince ». La méritocratie est à l'inverse une idée au cœur des grandes révolutions libérales du XVIIIe siècle (l'américaine et la française).

Il faut bien mesurer le basculement profond que cette façon de concevoir la société a constitué et entraîné. D'une société d'ordres, le monde occidental est entré dans une société de mobilité, le mérite étant le critère de justification de la situation sociale de chacun. C'est un mécanisme d'allocation des postes dans la société. Comme l'écrit Tocqueville, « peu à peu, les lumières se répandent ; on voit se réveiller le goût de la littérature et des arts ; l'esprit devient alors un élément de succès ; la science est un moyen de gouvernement, l'intelligence une force sociale ; les lettrés arrivent aux affaires ».

Cette nouvelle façon d'allouer les places de l'élite implique, par exemple, que se développe l'éducation et que celle-ci soit accessible à tous et ouvre les mêmes opportunités. C'est parce qu'il valorise le mérite qui permet de distinguer les concurrents que le monde moderne promeut l'instruction et la production de savoir pour tous : la connaissance, en se déployant, enrichit les individus et les sociétés. Il faut donc que ceux-ci aient la capacité de la développer.

Admettons-le aisément : le mérite n'est pas parfait. Il est complexe à définir, il est incertain à mesurer. Qu'à cela ne tienne : il reste le meilleur critère dans un environnement démocratique car, à la façon de l'ensemble des institutions du projet démocratique, il est une notion en constante évolution, en construction continue par interaction de ses défenseurs et de ses critiques.

13

Plus de concurrence, plus de mobilité, moins d'injustice

La société libérale moderne est inscrite depuis la révolution industrielle, contemporaine des révolutions démocratiques (ce qui n'est évidemment pas un hasard), dans un mouvement continu et rapide – qu'avait bien vu Fernand Braudel quand il parlait de la « dynamique du capitalisme ». Ce mouvement est fondé notamment sur la concurrence, c'est-à-dire la remise en cause ininterrompue des positions acquises, fondée sur les mérites.

L'économiste Joseph Schumpeter a désigné ce mécanisme par le terme de « destruction créatrice », qui est un phénomène sain et bénéfique. C'est parce que les acteurs en place sont soumis à la concurrence entre eux ou de la part de nouveaux entrants plus innovants qu'ils ne cessent de chercher à améliorer le rapport qualité-prix qu'ils proposent aux consommateurs. La concurrence enrichit les consommateurs et appauvrit les rentiers.

En ce sens, elle est doublement sociale.

D'abord, parce qu'elle maximise le pouvoir d'achat de la masse des individus. Les producteurs (et souvent d'ailleurs les ministres qui les représentent, quelles que soient leurs préférences politiques) ne l'aiment pas. C'est bien normal : plus il y a de concurrence, moins ils peuvent rester sereinement dans la position où ils se trouvent et plus ils sont incités à être performants, ce qui suppose des efforts constants. Les études le montrent à l'envi, encourager la concurrence permet de faire baisser les prix – et de soutenir l'innovation.

Pourquoi ? Chacun le comprend intuitivement. Si dans mon village il n'y a qu'un petit supermarché, sans concurrent crédible proche, celui-ci pourra se permettre de vendre un maximum de produits à un prix élevé (et même, en théorie, au prix le plus élevé que moi, consommateur, serai disposé à payer pour ne pas renoncer à l'objet de consommation en question). Il pourra réaliser des marges importantes. À l'inverse, imaginons qu'un second supermarché ouvre dans le village, ou dans un village voisin, et qu'il vende ses produits un peu moins cher que le premier. À l'évidence, je serai gagnant, que je me rende dans le nouveau supermarché ou que le premier baisse ses prix pour ne pas perdre sa clientèle.

La politique européenne de concurrence, pourtant régulièrement mise en cause, mériterait pour cela d'être un peu défendue. Certes, elle n'est pas parfaite et les autorités en charge de l'appliquer ne sont pas exemptes de critiques. Mais, si elle doit être discutée, c'est plus dans ses modalités que dans son principe. Elle a d'ailleurs très clairement apporté de formidables et inestimables bénéfices aux Européens, consommateurs comme entreprises. D'ailleurs, les citoyens de l'Union européenne semblent bien le comprendre : selon une enquête réalisée en 2022, 83 % d'entre eux estiment que la concurrence permet d'offrir un plus grand choix aux consommateurs (42 % en sont au demeurant totalement convaincus, contre seulement 29 % des Français), 81 % qu'elle encourage l'innovation et la croissance, et 74 % qu'elle permet aux consommateurs d'obtenir de meilleurs prix.

L'économiste Thomas Philippon confirme ces perceptions dans ses travaux, montrant que les États-Unis, à l'inverse, souffrent d'une moindre concurrence dans certains secteurs. Comme il le souligne, « les conséquences d'une concurrence trop faible sont une baisse des salaires, de l'investissement, de la productivité et de la croissance, ainsi qu'une hausse des inégalités ».

La concurrence se traduit ensuite dans la société, parce qu'elle remet en cause les positions indues, les rentes et les injustices. À ce titre, elle est bien plus efficace que la fiscalité qui, à l'inverse, ne leur porte pas réellement atteinte et se contente de répartir les gains de leur rente. Si l'impôt peut avoir du sens pour redistribuer les rentes inévitables (tirées d'un monopole naturel, si tant est qu'il soit vraiment impossible de le mettre en concurrence) ou obliger des acteurs économiques à internaliser dans leurs processus décisionnels les externalités négatives qu'ils produisent, il n'est qu'un palliatif, une forme de renoncement à s'attaquer aux vrais problèmes.

C'est la concurrence qui détrône les industries passées au profit des nouvelles. C'est elle qui transfère les bénéfices vers les consommateurs et conduit les entreprises à innover pour créer de nouveaux profits, sans intrusion administrative excessive. C'est encore elle qui incite les services à devenir meilleurs, les nouveaux entrants à inventer : en cela, elle est incroyablement « créatrice ».

Prenons un exemple bien connu : celui des taxis. Dans les années 2000, il n'y avait pas un rapport, pas une note sur la concurrence qui ne mentionne le cas des taxis. En France, l'usage était même de faire référence au rapport « Armand-Rueff » (« rapport sur les obstacles à l'expansion économique »), commandé par le président de Gaulle à la fin des années 1950 à ces deux grands personnages qu'étaient Louis Armand et Jacques Rueff : leur travail avait déjà identifié un problème de concurrence dans la profession. Celui-ci était simple : ce marché était protégé par la nécessité d'obtenir une autorisation, n'existant qu'en nombre limité et donc très chère. Cas classique de barrière à l'entrée. L'effet résultant de cette réglementation sclérosante est qu'il était coûteux d'emprunter un taxi, d'autant que les véhicules étaient souvent vieux et sales et les chauffeurs peu aimables, refusant certaines destinations ou certains modes de paiement. Puis, à la fin des années 2000, sont arrivés les « VTC », c'est-à-dire les entreprises Uber, Chauffeur privé et autres. Ces nouveaux acteurs ont entraîné un bouleversement profond dans ce domaine. Les taxis ont protesté comme jamais, à mesure qu'ils perdaient des parts de marché. Il faut dire qu'ils se trouvaient confrontés à des chauffeurs jeunes et polis, serviables et disponibles, dans de belles voitures. Le processus de dynamisation du marché s'est ensuite poursuivi. Les VTC ont développé leur offre, laissant entrer ensuite des opérateurs moins « haut de gamme », avec des services de qualité moindre mais encore plus abordables pour les consommateurs. Les taxis ont d'autant plus protesté. Ils ont mobilisé leurs relais et obtenu de l'État des normes contraignantes, qui ont un peu étouffé la concurrence – et également imposé quelques régulations générales. Mais le mouvement de révolution concurrentielle avait déjà opéré. Aujourd'hui, les consommateurs peuvent très clairement en mesurer les effets. Les vieux taxis désagréables et dégradés ont, à peu de chose près, disparu. Les voitures sont désormais bien entretenues, les chauffeurs disponibles et aimables.

La concurrence est donc un puissant outil de redistribution. C'est bien là le cœur de l'économie de marché libre et concurrentielle : elle est un outil au service des consommateurs et des plus faibles (et, quand ce marché est mondial, les Occidentaux sont les « riches » et le reste du monde les « pauvres »). Non seulement elle les a enrichis et leur a ouvert la voie d'une vie plus confortable et meilleure mais, en outre, elle ne cesse d'assurer une forme d'efficacité qui leur profite.

Les barrières qui la contraignent ont donc généralement pour effet de nuire aux consommateurs et de réduire la dynamique saine d'innovation. Cela ne signifie pas qu'elles ne soient pas légitimes : le rôle du politique est de concilier des intérêts contradictoires et parfois, pour une raison ou une autre, il peut souhaiter mettre de côté la performance, ou servir les producteurs plutôt que les consommateurs. Cela peut être accepté comme une motivation politique quelconque – notamment, peut-être, le fait que la collectivité ne souhaite pas déstabiliser ceux qui, en son sein, seraient les plus exposés à la concurrence. Mais il faut le faire en connaissance de cause. Les restrictions de concurrence nuisent à l'efficacité et à l'innovation, comme aux plus fragiles sur le marché.

Surtout, la concurrence est un processus extraordinaire de découverte. Friedrich Hayek, méconnu en France mais qui est probablement l'un des plus grands intellectuels du XXe siècle, l'a expliqué dans ses travaux : la concurrence est une dynamique qui permet par un jeu d'interactions décentralisées (le marché) de révéler l'information pertinente. C'est elle qui permet de savoir qu'un produit est meilleur qu'un autre, que son prix est le bon, etc. Plus encore, le prix est le résultat d'un processus extraordinaire que le consommateur ignore, mais qui en fait le véhicule d'une multitude inimaginable d'informations : le prix de l'essence, par exemple, porte en lui les conséquences des interactions entre les salariés de l'entreprise pétrolière et de ses salariés, les résultats des tensions politiques au Moyen-Orient (elles-mêmes conséquences d'interactions multiples et complexes), la politique fiscale du gouvernement, l'évolution des technologies automobiles, les actions en faveur du changement climatique, et tant d'autres ! Tout cela se reflète *in fine* dans les chiffres qui s'affichent à la pompe.

Jamais on ne prétendra que le marché est parfait au sens où il serait un idéal stable inspiré d'Éden, mais il l'est parce qu'il est la seule institution qui intègre toute l'information connue à un moment donné. En ce sens, il contribue à l'amélioration de la société.

Ses mécanismes se retrouvent dans le champ social.

De la même façon que la concurrence en matière d'offres de biens et de services doit veiller à permettre aux innovateurs de réussir par leur talent, les individus les plus méritants doivent, par leur travail, se voir ouvrir les voies du succès.

Or, en la matière, il n'est pas rare que de multiples barrières se mettent en travers de leur chemin – et ce d'autant plus que l'intervention publique est large, multipliant les opportunités pour les individus de rechercher diverses protections.

Plutôt que de protéger des positions, le rôle de l'État devrait être au contraire de favoriser leur contestabilité, d'encourager la concurrence sociale. Friedrich

Hayek l'explique : selon lui, les résultats de la distribution sociale ne peuvent être « justes » ou « injustes » ; seuls peuvent l'être les mécanismes qui les produisent. Autrement dit, ce qui importe, ce n'est pas la « justice » du résultat, mais celle de son processus. À ce titre, le grand combat n'est pas une histoire de conflit de classes, mais de privilégiés et d'exclus du système concurrentiel par les barrières réglementaires absconses, d'« *insiders* » et d'« *outsiders* ». C'est une révolution intellectuelle par rapport à notre obsession égalitaire.

14

Le pari du capital au XXIe *siècle*

Cette grande roideur des vertus des vieux âges
Heurte trop notre siècle et les communs usages ;
Elle veut aux mortels trop de perfection :
Il faut fléchir au temps sans obstination :
Et c'est une folie à nulle autre seconde
De vouloir se mêler de corriger le monde.

MOLIÈRE, *Le Misanthrope*

L'obsession égalitaire ne se contente pas de militer en faveur de politiques qui produisent l'inverse de l'objectif qu'elles prétendent poursuivre, parvenant à un régime de contraintes et d'injustice où prévalent les préférences d'une minorité, élite autoproclamée. Elle révèle une profonde incompréhension de ce qu'est la société contemporaine et, s'inscrivant en contradiction avec son développement, elle s'en retrouve à déployer des solutions vouées à l'échec. Ce faisant, elle montre qu'elle est profondément incompatible avec la société libre.

La société contemporaine, libérale et capitaliste, n'est pas un état stable, mais une dynamique créatrice et libératrice. Elle ne peut se comprendre autrement. C'est un mouvement continu qui ne porte pas tant sur l'accumulation du capital matériel que sur celle de la connaissance, par l'échange qui enrichit les parties mutuelles et stimule la création : le capital qui compte le plus est intellectuel. Ce capital est aujourd'hui toujours plus accessible, toujours plus distribué, toujours plus humain. Avec l'économie de marché ont émergé le besoin de formation, pour permettre à tous la mobilité, et les institutions qui y contribuent. Avec elle s'est déployée aussi la recherche, pour comprendre le monde et inventer de meilleures solutions. L'explosion de l'économie numérique permet désormais au plus grand nombre de s'instruire, d'avoir accès à l'information, de prolonger son éducation. La mondialisation a démultiplié les échanges et les contacts. La mauvaise compréhension de la nature du capitalisme ne peut conduire à la production de bonnes recommandations de politiques publiques.

Depuis ses origines médiévales, le capitalisme a été animé par une force extraordinaire de découverte.

Une découverte qui tient au processus concurrentiel décrit par Friedrich Hayek, qui permet de transmettre la connaissance mais également d'en susciter la création. Comme l'économiste autrichien l'écrit et le décrit, bien loin des caricatures de ceux qui ne l'ont jamais lu, l'économie est « depuis ses origines » une interrogation sur « un ordre étendu d'interrelations humaines ». Si cet auteur défend le capitalisme, c'est « à cause de son aptitude supérieure à utiliser la connaissance dispersée ». Dans un régime autoritaire, à l'inverse, la science n'a que partiellement sa place ; le lecteur pensera à Sturm, le scientifique de Vassili Grossman dans *Vie et Destin*, qui, mis au ban de la communauté scientifique parce que ses recherches contredisent la vérité du Parti, se retrouve soudain encensé dès lors que le camarade Staline décide qu'elles sont dignes d'intérêt. La connaissance est aussi ce qui, à la façon du Figaro de Beaumarchais, permet à tout individu de se distinguer par ses mérites, de refuser l'assignation des sociétés d'ordres, qu'elles soient d'Ancien Régime, socialistes ou conservatrices. C'est à ce double titre, compétitivité et lutte contre les injustices, qu'il est capital que la France réforme son système éducatif et universitaire, pour que tous puissent s'inscrire dans des dynamiques concurrentielles. Ces dernières années, les inégalités sont aussi le reflet du fait que certains y sont parvenus, quand d'autres n'ont pu le faire, notamment (mais pas seulement) parce que les structures publiques de formation sont défaillantes.

Une découverte permise aussi par le commerce : dans l'Italie médiévale, la volonté des marchands d'aller parcourir le monde a suscité la création de la banque, la structuration de la notion d'entreprise, l'émergence de la presse économique. La dynamique concurrentielle est ainsi celle d'une extension du marché, qu'avait décrite Adam Smith. Demain, la concurrence s'étendra encore à travers l'explosion du commerce international des services permis par le numérique.

Dans ce processus, l'information a une valeur unique, qui explique qu'on ait à ce point investi dans le déploiement de la production, la détection et le tri de l'information. Le journalisme ou l'éducation sont à ce titre, peu de ses serviteurs en ont conscience, des institutions profondément, intrinsèquement capitalistes.

L'accélération de la circulation de l'information constitue d'ailleurs une extraordinaire et puissante dynamique au sein du régime capitaliste : celui qui sait avant les autres détient, l'espace d'un instant fugace, une opportunité de fortune incomparable (par exemple, une bonne information pour un investissement). La sélection de la bonne information est également une clé : ce qu'on appelle aujourd'hui la « curation » est essentiel. Alors que l'information est *a priori* abondante, il est crucial de pouvoir distinguer celle qui est importante et utile. C'est d'ailleurs le *business model* d'un grand nombre d'entreprises de l'économie numérique, dont une fonction partagée est de mettre à la disposition des consommateurs des informations pertinentes, dans un contexte d'abondance si extraordinaire qu'elle suscite la confusion. Leur réussite incroyable est également le reflet de cette fonction nouvelle, qu'elles ont su mieux que d'autres appréhender.

Dans l'économie contemporaine, l'innovation semble aller plus vite et surtout pouvoir être encore amplifiée, maintenant que les marchés sont plus larges grâce à la mondialisation et à la transmission accélérée par le numérique. Les succès sont donc plus largement récompensés.

Dans cet environnement si spécifique, la production d'information est déterminante. C'est elle qui constitue le cœur de la quête capitaliste : une course pour la connaissance. La brider est une absurdité.

Ce mouvement accéléré continuera à alimenter la dynamique d'inégalités en même temps qu'il permettra d'améliorer le sort collectif. Souhaiter y mettre un terme ou le restreindre n'a pas de sens, sauf à assumer la motivation qui porte cette contrainte : un discours de renversement de l'ordre économique pour y substituer un fantasme piloté par une minorité et le rétablissement d'une société d'ordres. Ce projet n'est pas compatible avec la démocratie.

Le régime démocratique, au contraire, marche main dans la main avec l'économie de marché, avec laquelle il a des traits communs. Lui seul est capable d'intégrer de façon fluide les mutations continues que celle-ci connaît.

Faire de la lutte contre les inégalités l'alpha et l'oméga des politiques publiques est économiquement inconséquent et démocratiquement dangereux. Acceptons les inégalités pour ce qu'elles sont : les révélateurs du mérite, moteur de la société libre. S'il est un combat à mener, c'est celui de l'injustice. Or, en la matière, tout est entre les mains de l'État… et tout reste à faire. La réforme de l'action publique – à commencer par celle de l'enseignement – est prioritaire pour assurer l'égalité des opportunités, permettre à chacun de réussir son existence et autoriser la contestation des positions indues.

Conclusion

Pas de défaite pour l'esprit libre

Dans la scène finale du *Mariage de Figaro*, le valet amoureux entonne un vaudeville, où l'on chante au septième couplet : « Par le sort de la naissance, / L'un est roi, l'autre est berger ; / Le hasard fit leur distance, / L'esprit seul peut tout changer. » La pièce, jouée pour la première fois en 1784, est une référence du patrimoine littéraire français.

En quatre vers géniaux, Beaumarchais a décrit un bouleversement qui guide notre monde moderne : à quelques années de la Révolution, il illustre l'esprit d'une époque bien particulière qui a précipité le passage de l'Ancien Régime monarchique à un régime républicain et démocratique qui s'est progressivement constitué, d'une société d'ordres à un monde en mouvement, d'une économie traditionnelle à une dynamique capitaliste.

Alors que dans la société d'ordres, le destin de chacun était une assignation, la société démocratique et libérale a ouvert à chacun la possibilité de réaliser sa vie, grâce et par l'égalité de droit accordée à tous les individus.

L'obsession égalitaire s'oppose à ce mouvement. À ce titre, elle est non seulement contestable dans son fondement, mais aussi périlleuse pour la démocratie.

Contestable d'abord parce qu'elle repose sur deux confusions.

La première consiste à assimiler à tort inégalité et injustice : selon ce discours, les différences de conditions sont systématiquement dénoncées comme révélatrices d'un état social inéquitable et arbitraire, d'une lutte entre des groupes sociaux dont certains seraient dominants et d'autres dominés. Si certains citoyens sont dans une situation d'inégalité par rapport à d'autres, c'est qu'ils sont les victimes, parfois sans le savoir ni en avoir conscience, d'un système qui les avilit, parce qu'ils sont d'une classe sociale (ou aujourd'hui plutôt d'une « identité » immuable et incontestable, attribuée à la fois par leurs oppresseurs et par leurs défenseurs) opprimée et méprisée.

Tout un discours de dénonciation et de fragmentation de la société se développe ainsi avec l'objectif de délégitimer le modèle démocratique pour mieux encourager la conflictualité et y substituer un régime alternatif. Une forme de message complotiste prospère sur cette base, dont se dégage l'idée que « les riches » auraient orchestré non seulement la progression de leur fortune, mais également la stagnation – voire l'appauvrissement – des masses. L'obsession égalitaire n'est ainsi rien d'autre que le paravent contemporain d'une idéologie anticapitaliste assez banale, dont l'histoire a montré qu'elle est erronée dans ses analyses et recommandations, qu'elle a systématiquement engendré la misère et apporté la dictature, et qu'elle a été dramatiquement mortelle dans chacune de ses mises en œuvre.

Les inégalités ne sont pas un mal en soi : elles sont d'abord des reflets statistiques d'une réalité qu'il faut analyser. Certaines sont justifiées, par exemple, par le mérite. D'autres sont de réelles injustices et doivent être au cœur de nos préoccupations politiques. Les discriminations en font partie, qui sont intolérables précisément parce qu'elles contestent l'égalité de droit entre les individus. Comme le sont toutes les assignations, indéfendables dans un régime démocratique, et toutes sortes de comportements avilissants qui nient aux individus la propriété et la liberté de leur être.

Depuis les Lumières, un critère d'analyse s'est imposé pour justifier les différences : le mérite, qui a l'avantage d'être fondé sur l'individu, sa liberté et sa responsabilité corollaire, et non sur une volonté externe, nécessairement arbitraire. Il n'a pas émergé par hasard : il rompait avec la société d'ordres et de privilèges de l'Ancien Régime. La Fontaine le vantait déjà dans « Le laboureur et ses fils ». Concluant la fable dans laquelle il raconte que le père mourant avait fait croire à ses enfants qu'ils trouveraient un trésor dans ses champs, les conduisant à les travailler avec énergie, il écrit que « le père fut sage de leur montrer avant sa mort que le travail est un trésor ». Maints traitements égalitaires peuvent à l'inverse se révéler injustes, comme ce livre l'a montré – par exemple, entretenir l'illusion de l'égalité entre les établissements scolaires.

Notre système économique et politique n'est pas parfait, mais il a résolument promu (et réalisé) un régime de prospérité et de liberté. Nous sommes aujourd'hui plus libres, plus prospères, jouissant de la meilleure situation sociale que l'humanité ait jamais connue. Le système démocratique libéral ne prétend pas pour autant représenter la perfection et travaille au contraire, de lui-même, à sa constante amélioration. Sa modestie est sa force – là où ses adversaires mentent en promettant la stabilité, voire la prévisibilité, qui est l'essence même des dictatures.

La seconde confusion est celle qui fait correspondre égalité et uniformité : la société idéale ne serait pas celle où, comme le souhaitait la Déclaration des droits de l'homme de 1789, les individus sont égaux en droit, mais celle où ils seraient le plus semblables.

De là découle une vision spécifique de la société et des politiques publiques, dont le rôle serait de favoriser une harmonisation des conditions sociales, de telle sorte que les citoyens se retrouvent contenus entre deux bornes de niveaux de vie relativement resserrées : ni trop pauvres, ni trop riches. Les présupposés implicites d'un tel projet sont radicaux : ils impliquent que le mérite n'existe pas et que nos réactions face aux défis de la vie ne nous valorisent pas, ni ne nous distinguent ; ils sous-tendent que la société peut être agencée et, en somme, administrée de façon mécanique – c'est-à-dire qu'il existerait une capacité de collecter l'information et la connaissance disponibles et de faire des choix de planification parfaits, au-delà de la diversité des individus et de la complexité du monde. Le rôle de l'État et du politique, dont on considère qu'ils seraient spontanément légitimes pour organiser et contrôler la situation sociale des individus, serait dès lors de réguler les comportements sociaux pour obtenir la moyennisation recherchée et atteindre un niveau d'harmonisation sociale idéal. Dans ce projet, tout comportement qui se détacherait de la norme serait une anomalie, pis encore, un défi porté contre le collectif, qu'il conviendrait de traquer et sanctionner.

Cette confusion a des implications particulièrement fortes et elle est extraordinairement révélatrice de ce que certains experts appellent des « modèles mentaux », c'est-à-dire des référentiels implicites dans lesquels se forment nos réactions et qui guident nos actions. En l'espèce, cette recherche d'uniformité cache l'illusion qu'il serait possible d'atteindre un niveau d'identité harmonieuse et de stabilité sociale, dès lors que la société accepterait d'être pilotée en suivant unanimement la voie d'une raison définie pour elle, qui la protégerait des aléas. Elle cache un fantasme primitif (et immature) d'unité qui, parce qu'elle aurait normé les comportements, parviendrait à réaliser sur terre un Éden mystérieux, où les vies de milliards d'individus, rendues prévisibles car bâties selon les plans merveilleux de l'Intelligence faite homme (ou plutôt, administration), s'écouleraient paisiblement, sans heurts et sans surprises. Ce fantasme n'est pas que parfaitement illusoire ; il est aussi dangereux.

Illusoire car ce discours ignore les bouleversements continus et toujours imprévisibles de l'existence ; c'est notre aptitude à les appréhender et improviser face à eux qui fonde notre autonomie. Aucune vie n'est « un long fleuve tranquille » et aucun individu n'est semblable à son voisin, ni programmé pour obéir sagement à un parcours de vie choisi par d'autres. C'est au contraire la grandeur de notre modèle de société démocratique et libéral de reconnaître à chacun l'égale dignité de ses choix, de ses succès et de ses erreurs.

Dangereux, car cet idéal cauchemardesque ne peut se réaliser que dans une supervision des comportements individuels et une réformation des préférences personnelles. Son refus des inégalités est en réalité un refus des différences sociales : il induit donc naturellement et inévitablement un pilotage autoritaire de la société par une minorité qui juge savoir mieux que les autres ce qui est bon pour les masses. Il rêve d'une société stationnaire, c'est-à-dire morte. Dans une société stable (et, plus encore, dans une société planifiée), il n'y a pas de place pour la liberté. « L'égalité et le despotisme ont des liaisons secrètes », écrivait déjà Chateaubriand.

L'obsession égalitaire ne se contente pas par ailleurs de reposer sur des prémisses erronées et périlleuses, elle produit l'inverse de ce qu'elle prétend défendre : elle suscite l'inefficacité économique et l'iniquité sociale. Parce qu'elle souhaite maintenir la société entre deux bornes, définies de façon exogène comme acceptables, elle est nécessairement conduite à figer les positions de chacun : dans son modèle, la mobilité ne peut se concevoir que contrôlée et administrée, sauf à bouleverser l'équilibre prédéfini, c'est-à-dire à susciter des inégalités. La fonction du politique, notamment par la décapitation fiscale, y est donc de répartir les places plutôt qu'encourager les chances. Elle restreint la richesse, ce qui est une autre façon de dire qu'elle appauvrit : sa pensée est profondément malthusienne. Contrairement à ce qu'elle espère et promet, elle ne parvient pas à aider les plus défavorisés de façon efficace : elle engendre d'intolérables injustices.

Pour ces raisons, elle a une responsabilité marquée dans la crise contemporaine de la démocratie, parce qu'elle a promis aux citoyens des objectifs irréalisables et surtout incompatibles avec la préservation de la liberté. Elle les contraint sans leur offrir de perspectives. Elle les enferme sans les enrichir : ils perdent la liberté et n'acquièrent pas même la richesse. Quand une poignée d'individus en sort néanmoins, son existence même est une négation de l'idéologie égalitaire. C'est pour cela que ses promoteurs détestent tant les entrepreneurs et les riches.

Notre seule façon d'y échapper est de promouvoir la liberté. De la chercher pour la société, pour chacun et d'abord pour soi. C'est une dialectique ancienne, au cœur de notre société moderne. Il serait illusoire de vouloir la faire disparaître et il est criminel d'avoir tenté de le faire au détriment de la liberté.

Cette attention est un combat sans fin, une lutte sans cesse renouvelée – car l'état stationnaire du monde n'existe pas. C'est un flambeau à reprendre chaque jour, pour le porter haut et le défendre face aux nombreuses menaces. Mais il n'est jamais vain – Stefan Zweig le clamait : il n'y a « pas de défaite pour l'esprit libre ».

Remerciements

Je souhaiterais remercier ceux qui, par leur patience, m'ont permis d'écrire ce livre. Ma famille. Mon épouse et mes enfants. Mes parents, pour m'avoir montré le sens du dévouement et du travail.

Je souhaiterais remercier également tous ceux qui, volontairement ou non, amicalement ou non, ont permis aux quelques modestes réflexions contenues dans ce livre de mûrir. Elles doivent beaucoup à mes conversations avec Antoine I.

Merci également à Mathieu Laine, Jacques Attali et Josseline de Clausade, qui m'ont donné l'opportunité de déployer mes meilleurs efforts dans le monde du travail.

Merci à l'équipe de *L'Opinion* qui m'accorde sa confiance en me publiant toutes les semaines depuis des années. Merci aux Panthères roses qui tentent de faire vivre la flamme de la liberté.

Merci, enfin, à Sofia Bengana, Thierry Grillet, Jean Spiri et toute l'équipe des Presses de la Cité pour leur accompagnement.

Dans ses Mémoires, l'immense Stefan Zweig écrit : « Toute ma scolarité ne fut pour moi qu'ennui et dégoût, accrus d'année en année par l'impatience d'échapper à ce bagne. [...] Je dois à cette oppression une passion de la liberté qui se manifesta de bonne heure. » Je me retrouve pleinement dans cette expérience. Mon parcours scolaire, commencé par des années de harcèlement de la part d'un enseignant, m'a donné une inextinguible et indomptable volonté de liberté, ainsi que la conviction que la promotion de l'égalité de fait peut se révéler profondément injuste.

Annexes

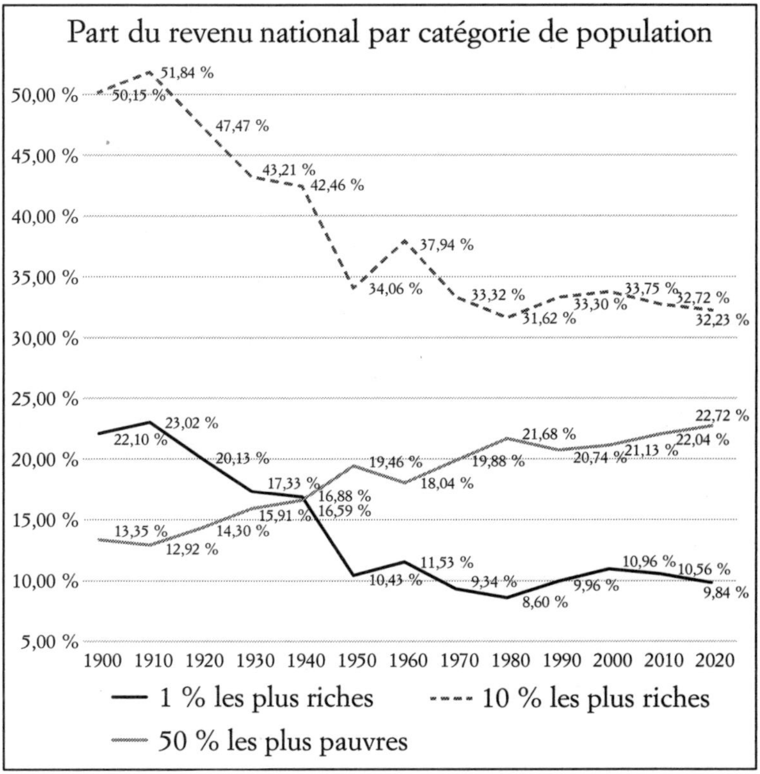
Part du revenu national par catégorie de population
50,00 %
45,00 %
40,00 %
35,00 %
30,00 %
25,00 %
20,00 %
15,00 %
10,00 %
5,00 %
51,84 %
50,15 %
47,47 %
43,21 %
42,46 %
37,94 %
34,06 %
33,32 %
31,62 %
33,30 %
33,75 %
32,72 %
32,23 %
22,10 %
23,02 %
20,13 %
17,33 %
16,88 %
10,43 %
11,53 %
9,34 %
8,60 %
9,96 %
10,96 %
10,56 %
9,84 %
13,35 %
12,92 %
14,30 %
15,91 %
16,59 %
19,46 %
18,04 %
19,88 %
21,68 %
20,74 %
21,13 %
22,04 %
22,72 %
1900 1910 1920 1930 1940 1950 1960 1970 1980 1990 2000 2010 2020
1 % les plus riches
10 % les plus riches
50 % les plus pauvres

Source : WID

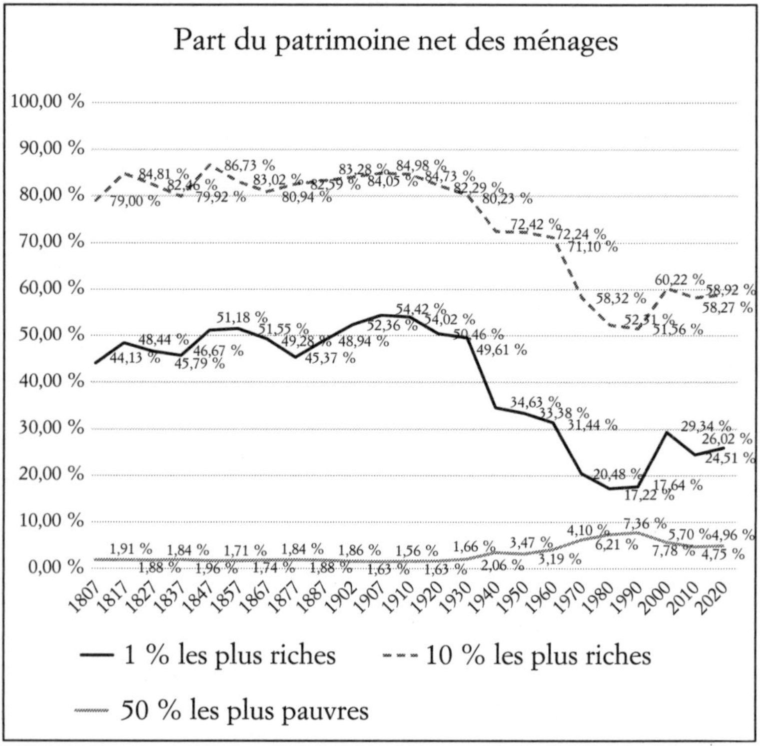
Part du patrimoine net des ménages
100,00 %
90,00 %
80,00 %
70,00 %
60,00 %
50,00 %
40,00 %
30,00 %
20,00 %
10,00 %
0,00 %
79,00 %
84,81 %
82,46 %
79,92 %
86,73 %
83,02 %
80,94 %
82,59 %
83,28 %
84,05 %
84,98 %
84,73 %
82,29 %
80,23 %
72,42 %
72,24 %
71,10 %
58,32 %
52,31 %
51,56 %
60,22 %
58,92 %
58,27 %
44,13 %
48,44 %
45,79 %
46,67 %
51,18 %
51,55 %
49,28 %
45,37 %
48,94 %
52,36 %
54,42 %
54,02 %
50,46 %
49,61 %
34,63 %
33,38 %
31,44 %
20,48 %
17,22 %
17,64 %
29,34 %
26,02 %
24,51 %
1,91 %
1,88 %
1,84 %
1,96 %
1,71 %
1,74 %
1,84 %
1,88 %
1,86 %
1,63 %
1,56 %
1,63 %
1,66 %
2,06 %
3,47 %
3,19 %
4,10 %
6,21 %
7,36 %
7,78 %
5,70 %
4,96 %
4,75 %
1807
1817
1827
1837
1847
1857
1867
1877
1887
1902
1907
1910
1920
1930
1940
1950
1960
1970
1980
1990
2000
2010
2020
1 % les plus riches
10 % les plus riches
50 % les plus pauvres

Principales caractéristiques des ménages selon la catégorie en 2017 (en %)

	Ménages à très haut revenu	Ménages très aisés	Ensemble des ménages
Âge du référent fiscal			
Moins de 30 ans	0,8	1,1	8,4
30-39 ans	7	4,8	15,4
40-49 ans	16,9	15,5	18
50-59 ans	27,1	27,2	18,8
60-74 ans	35,9	38,4	24,4
75 ans ou plus	12,3	12,9	15,1
Type de ménage			
Homme seul	14,9	18,3	14,7
Femme seule	10,9	11,2	19,7
Couple sans enfants	37,1	36,4	24,1
Couple avec enfant(s)	29,9	26,8	26,5
Famille monoparentale	4,4	4,7	11
Ménage complexe	2,8	2,6	4

	Ménages à très haut revenu	Ménages très aisés	Ensemble des ménages
Statut d'occupation du logement			
Propriétaire	85,6	84,6	58,6
Locataire	14,4	15,4	41,4
Origine principale du revenu initial			
Salaires et traitements	47,4	39,8	55,1
Indemnités de chômage	0,2	0	3,3
Revenus d'activités non salariées	19,6	22,2	3,1
Pensions, retraites et rentes	10,2	3,2	33,6
Revenus du patrimoine	21,9	33,8	4,6
Revenus exonérés perçus à l'étranger et autres revenus	0,7	0,9	0,4

Lecture : 37,1 % des ménages à très haut revenu sont formés de couples sans enfants.
Champ : France métropolitaine, Martinique et La Réunion, personnes appartenant à des ménages fiscaux en logement ordinaire dont le revenu déclaré est positif ou nul.
Sources : Insee-DGFiP-Cnaf-Cnav-CCMSA, Fichier localisé social et fiscal (Filosofi) 2017.

Composition : Facompo, Rouen

#lisez! engagé
www.lisez.com

Pour plus d'information :

Imprimé sur du papier issu de forêts gérées durablement.

Achevé d'imprimer par
Normandie Roto Impression s.a.s. à Lonrai
N° d'impression : 2302844

Imprimé en France